INNER CHILD CARDS

A Fairy-Tale Tarot

內在小孩
童話療癒卡

用78張童話故事的圖像，為受困的心靈找出解答，指引方向

伊莎·勒娜（Isha Lerner）、馬克·勒娜（Mark Lerner）◎著

願將祝福獻給所有孩子，
他們是地球未來的主人翁。

謹將本書獻給蓋布瑞兒（Gabrielle）、卡特雅（Katya），
以及地球上的所有孩子們。

目錄

第一部：神諭

第二部：大阿爾克納牌

第三部：小阿爾克納牌

致 謝
Acknowledgments

　　我們要謝謝芭芭拉・漢德・可洛（Barbara Hand Clow）和芭芭拉・朵恩・德魯（Barbara Doern Drew）；我們的編輯蓋爾・威韋諾（Gail Vivino）；本書的設計師瑪莉蓮・海格・畢瑟翰（Marilyn Hager Biethan）；以及所有在貝爾出版社（Bear & Company）的相關工作人員：謝謝你們相信這本書的魔力，幫助我們將它獻給這世界。

　　謹將溫暖和深刻的感謝獻給漢娜・喬柏森・尼爾利（Hannah Jacobson Nealley）。漢娜是一位詩意悠長、精彩出色的說書人，本書有許多篇章，都受益於她獨特的見解，以及對童話故事深深的愛。

　　謝謝我們的兩個女兒──蓋布瑞兒（Gabrielle）和卡特雅（Katya）。謝謝她們分享了自己對牌卡圖案的想法及建議。

　　我們將衷心的感謝，獻給所有交情匪淺的朋友，以及我們深愛的人。謝謝你們多年來一直支持著我們：雪瑞和約翰・戈登－拜能（Cherie and John Godon-Bynum）、李・貝特・波特（Li Bette Porter）、史蒂芬・艾爾林（Stephen Eiring）、卡雅・韋恩曼（Kaya Weinman）、湯姆・波爾曼（Tom Boerman）、南茜・維爾拉（Nancy Vierra）、伊凡・沃維爾斯（Yvonne Vowels）、克莉絲汀・利格（ChristeenReeg）、史戴菲和葛瑞・伊斯坎登（Steffi and Gary

Escandon）、莉亞・茲維亞・拜倫（Leah Tzivea Barron），以及大衛和葛萊迪斯・勒娜（David and Gladys Lerner）。

我們溫暖地追憶伊莎的母親──可琳・基汀（Colleen Keating）。她的離世讓伊莎走上一趟深深潛入痛苦、愛和慈悲的旅程。

我們想給自己的內在小孩一個充滿愛的擁抱，對他們表達深深的感謝。謝謝內在小孩在這副牌卡創作期間，引導了我們，也開啟了我們的心。這本書本身就是痛苦能轉化為愛的最好見證。愛就是最好的療癒師。

最後，我們還要特別謝謝一位好友。他就是這副牌卡的繪圖者──克里斯多夫・蓋佛（Christopher Guilfoil），他通透悠遠的見地，非尋常人心所能及。我們永遠的朋友，謝謝你！

推薦序：來自占星師安特羅·阿萊（Antero Alli）
Foreword

舉世通用的塔羅牌原型——愚人、魔術師、女祭司、國王——都是世界各地神話故事中常見的人物。不過，就像所有原創的文化藝術品一樣，每一副塔羅牌的設計和詮釋方式，都反映著藝術家與設計者的美學與哲學傾向；每一副牌對某些人來說都會是「好用」的，某部分是因為，使用者和牌卡的圖案或設計哲學產生了共鳴。就是這種結合了美學與哲學的表現形式，使得塔羅牌與大部分小眾的所謂玄學體系有了區隔。塔羅牌的圖案，就像所有藝術作品和哲學思維一樣，反映著設計者身處的時代，也就是人類歷史中的某個年代。

身為人類，我們經歷到的靈性體驗，並不像靈魂經歷過的人間體驗那麼多；而塔羅牌是一種語言，向我們述說靈魂如何在這獨特的人間，進行它的靈性旅程。塔羅牌「真正」妙不可言的隱藏版功能，不是預知未來或占卜吉凶，而是透過它不可思議的能力，為我們描繪出當下生活的藍圖。當我們以這樣的方式使用塔羅牌，牌卡就像鏡廳裡的一面面鏡子，能為我們映照出生命中的許多時間點。塔羅牌讓生而為人的我們看見一種文化的形成，以及它將經歷的多重轉化、成長階段。那可能是一個人自己設計一套「個人塔羅牌」的微觀文化，也可能是包含了傳統埃及諸神的宏觀文化。無論如何，每一張塔羅牌，都反映著個人歷史或人類集體歷史中，一系列的巔峰時刻。

這些巔峰時刻的經驗，就像結晶一樣，凝聚在一幅幅力量強大的牌卡圖案當中。牌卡的圖案緊扣著人們不斷深化的人類經驗，透過具體確切的細節，展現出非凡的見地。這裡的關鍵字是「確切」：透過這些非常、非常明確的細節，所有人類共享的、放諸四海皆準的立基點，才得以被人們看見。仔細留意圖案中各種生動的細節，那是塔羅牌神準的另一個原因。而且使用者並不需要信奉任何教條，就能辦到。我還記得，有次某個專業塔羅師告訴我：「我不相信塔羅牌，但它真的很準！」這樣的說法真讓我大吃一驚。塔羅牌可以是一個非常有效的預言工具——它反映出我們心中更大的信念，以及我們採取的立場其誕生成形的過程。塔羅牌質疑的不是你對宇宙真理的認知，而是對你個人真理的認知。

透過圖案中的想像空間，塔羅牌能對靈魂——也就是我們內在的生命精華——發揮作用。當一副塔羅牌擁有越大的想像空間，就能越接近靈魂述說的語言。在這個人們大量浸淫在電視媒體和廣告當中，想像力（與靈魂）日漸貧乏的時代，馬克・勒娜與伊莎・勒娜的這副《內在小孩童話療癒卡》，讓我們能以深切的心靈，回到歐美文化的童話世界裡。在人類進入「啟蒙時代」之前——在笛卡爾、牛頓出現之前——人們通常是透過故事和童話，來得到更高程度的學習。然而，當時代進入新式的「啟蒙科學思維」，童話對「嚴肅」的大人們來說便大大失去了價值，而成為分配給「孩子」的讀物。這樣的情況，一直持續至今。幸好，我們這些想像力比較豐富的大人，還有《內在小孩童話療癒卡》可以使用。它翩然而至、恰合時宜，對我們說著記憶猶新的故事。

不過，這個消息對於更認同巴比倫、蘇美、埃及式塔羅詮釋方

式的傳統塔羅愛好者來說，或許並不那麼容易接受。《內在小孩童話療癒卡》的某些創舉，不僅可能讓許多人吃驚，甚至還會感到憤怒。首先，這套牌卡的設計，本身就在慶賀一種充滿想像力的孩童精神。第二，牌卡的設計捨棄了傳統塔羅牌的隱喻，對每張牌的象徵呈現方式，都做了全新的安排。從語意學的角度來看，在心靈的殿堂當中，掌握傳統隱喻的人，就能支配心智。馬克・勒娜與伊莎・勒娜完成的，是一個象徵意義上的創舉：他們以歐美文化的根源，為古老神祕學系統做出更新版的詮釋，那是作者與許多使用者都更加熟悉的諭意方式。

然而，《內在小孩童話療癒卡》顛覆性最強的地方，就在於它的效果是如此地好。它透過一個個早被淡忘的童年故事，撩撥你我兒時在情緒及精神上與故事共鳴的樂音——每張牌卡都是一個不同的故事。克里斯多夫・蓋佛筆下那引人入勝的圖畫，一張張都附帶著異想天開的魔法，就好像是仙子們親自下凡繪製的一樣。透過牌卡涵蓋的故事——小紅帽、阿拉丁神燈、神仙教母（分別是傳統塔羅牌中的愚人、魔術師、女祭司）——就能說明一切。最後，我們看到，大牌中的惡魔是用捨我其誰的「大野狼」來代表，這真是作者極具幽默的巧思。光是這張牌，就足以揭開你我心中那「惡魔」的面紗……

馬克・勒娜與伊莎・勒娜，是對塔羅符號學有深厚造詣的兩位專業占星師。《內在小孩童話療癒卡》發行的年代，正巧是全球占星師眾所矚目的重大星象發生之時——天王星與海王星合相於摩羯座（1991 至 1995 年）。如要說明天海合相的意義，可能用一本書也寫不完。不過我只能說，二十世紀唯一在星象上能與之媲美的大

事，就是六〇年代末期，天王星和冥王星合相於處女座，那時人們
轟轟烈烈地對既有文化提出革命，從今日文化上的重大變革，就能
看出當時改革的力道。此外，《內在小孩童話療癒卡》出現的時刻，
在占星學上，也是人們在歷經兩千年的等待後，終於準備進入水瓶
時代的時刻。每一位占星師都清楚知道，每一個星座都和對宮星座
有著密切的關聯，因此每一個星座的時代，也都受到對宮星座的宇
宙勢能所影響。而在水瓶時代，沒有什麼比對宮的獅子座影響力更
大了，而獅子座在占星上的象徵之一，便是內在小孩的原型。

　　兩位作者清楚知道自己在做什麼。除了探討童話故事的傳統神
話涵義之外，他們也大膽地探入未來，用最後一張大阿爾克納牌，
創造出一幅新的神話故事。在傳統塔羅牌中，這張牌是「世界」；
兩位作者創作的這幅「大地之子」，用一張牌卡涵蓋了整副大阿爾
克納牌的旅程，並將這副牌的結尾與開頭連結在一起，慶祝你我的
靈魂在銀河系中真正起始的源頭……當靈魂投胎轉世，降生於人類
的身體。

　　作者也重新安排了小阿爾克納牌的設計。他們用最符合理想的
創意，將傳統的權杖、寶劍、聖杯與錢幣，重新命名為：神奇魔杖、
真理寶劍、飛翔之心與大地水晶。那原先被「大人智慧」塑造出來
的「沉重感」與過度的冷靜，在新的稱呼中大大輕盈了起來——這
真是令人歡呼！——這也使得孩子更能在玩耍中得到正經的學習。
現在的老師都知道，玩耍的精髓不只是加速學習的過程，更在於讓
孩子學會能讓自己持續學習的新方法。

　　小阿爾克納牌中的十六個宮廷牌人物，也強化了傳統塔羅牌的
設計意象，為這些學習旅程中的教育模範，注入了新的生命。在《綠

野仙蹤》這個現代故事裡，流浪迷失的主人翁，學到擁有「三個中心」（three-centerd）──頭腦、心和勇氣──的人類體驗。此外，大家熟知的小王子、木偶奇遇記、金髮姑娘和頑童流浪記等故事，更是帶著慈愛述說了四個小牌面向最初始的形成與學習階段。四位大天使中的三位──大天使拉斐爾、麥可與加百列，加上水晶守護者蓋亞母親，為遭遇險境的純真靈魂，提供無形的保護。其他牌卡的主人翁，也都展現出各自適任的模範及抱負，在靈魂學習的旅程上為我們提供引導；而我們不可忘記的是，看似是人在學習，實則成長的是我們內在的靈魂。

　　塔羅牌在數百年前離奇地橫空出世，牌卡上的圖案有如雋永的藝術作品，成為凍結在時光中的精美畫作。《內在小孩童話療癒卡》為每一張牌卡賦予各自不同的原型故事，就像量子跳躍一般，讓每一張牌卡從靜止的畫面，變成三度空間的立體動畫──因為每一張卡片都被賦予了生命，它們各自擁有自己的故事開頭、經過與結尾。光是這一點，就值得你我買票進入作者的多向度靈魂劇場中，一窺究竟。

安特羅・阿萊

西雅圖，華盛頓

1992 年一月

安特羅・阿萊（Antero Alli），
著有《占星神諭學（Astrologik）》與《天使科技（Angel
Tech）》等作品，
同時擔任西雅圖超戲劇研究中心（Paratheatrical Research of
Seattle）主任。

作者序
Preface

　　歡迎來到全新改版的《內在小孩童話療癒卡》。距離這副牌卡第一次問世，已經有十九年的時間了。這些年來，這副牌卡被翻譯為八國文字，全球的銷量也超過十多萬份。世界各地的人們用高明的方式做出各種創新，在各種情境下使用這副牌卡，也將這些方式分享給其他人知道。我們對神話、童話和塔羅牌熱切的關心與大量研究，為這個全新版本的《內在小孩童話療癒卡》，以及即將出版的《內在小孩卡工作書》打好了基礎。現在，我們深感榮幸，將這個全新版本獻給你們。

　　我們無法想像一個沒有寓言故事的童年會是什麼樣子。寓言故事裡有各種立體而鮮明的角色，在我們生活中，成為英雄、女英雄、惡夢和夢想等活生生的典範。這些人物，帶領我們找到自我靈魂內在的寶藏。

　　「睡美人」的故事，蘊含著死亡與重生的課題，以及在我們從孩童長大成人的過程中，那奇蹟般的進展與轉變。格林兄弟透過「小紅帽」的故事，讓我們看見生命進展的過程之一——個體化（individualization）。在這個寓言故事裡，我們看到的是冒險和責任的二元性，以及在這樣的情況下，會遇到的內在衝突。這個課題裡有好奇、天真，以及最終面臨到自我陰影的危機（或也可以說是一種集體的陰影，也就是故事中的大野狼）。鵝媽媽是歷史上孕育

生命與神話的先驅，她生下了象徵性的金蛋，也就是太陽、月亮，在某些故事版本裡，那代表整個宇宙。

當我們還是孩子的時候，生活因幻想而無比豐富。我們知道世界上有精靈、侏儒、矮人及戰士，也有天使與野獸。我們學到信仰能讓靈魂發光，純真是最大的喜悅，而痛苦與犧牲，在未來將成為無比珍貴的寶藏。反覆述說的童話故事，使我們的心靈更加飽滿而深邃，也因此孕育出希望和理想。再也沒有其他文學作品，能帶給我們像童話故事這樣巨大而根本的影響。

據說，民間的傳說故事最早是由師父口傳給弟子，作為教導一般民眾的方式。這麼說的話，無論是說書人、家長、老師……只要是說故事的人，都可以算是一位神祕學家。神話故事帶來的教導，就像播種一樣，為人們準備好豐饒的根基，以待日後長出內在的力量、安全感和自我實現的感受。從內在真正去經驗一個神話故事，將更推動我們成長過程中四個階段的發展：身體、情緒、心理和靈性。

兒童故事是一個工具，讓我們發現並榮耀心中的繆思。被「逗樂」或是被「施魔法」是什麼樣的感覺？為什麼在童話裡的我們，會在引人入勝的情節中經歷驚險的高潮迭起，然後不過一眨眼的時間，又搖身一變成為石頭、動物、女巫或青蛙？在這些變形的時刻，我們脫離了每日生活的現實，也在某種程度上，失去了自己的記憶；因此，我們才能重生。一旦魔法破除，一個更大的個人神話也將就此誕生。

這些過去的老故事，藏有解套人生的方法。故事從來不是要給

我們什麼答案，也不是要去評判、懲罰，或忽視這個事實：身為人類的我們，和故事裡那些神奇的仙子、天使和魔法師並沒有什麼兩樣。那些深深影響著人們的古老詩句、謎語和詩篇，都是幫助人們邁向成熟與想像世界的踏腳石。

　　孩子的心中滿是創意無限的想像畫面。這些圖像能幫助我們窺探靈魂的面貌，揭開光明與黑暗的力量，解放那股想要了解慾望、愛與衝突的衝動。透過對「故事書」中各種角色原型深刻的認知，一股潛意識的力量將逐漸覺醒；隨著時間過去，這股力量將為靈魂帶來療癒。生命的謎題和複雜並不是在字句中獲得消解，而是透過洞察、清晰的視野與經驗來完成。這種內在的知識將使靈魂的生命重獲新生。當我們投入想像的世界，總是更能感覺到青春與活力。由於人類必須通過孩童時期的大門，才能步上人生的旅程，因此，童話故事永遠都會存在。這些故事，為那單純、青澀的心靈，提供一片相會的沃土，讓孩子們能與切合年齡的智慧相遇。

　　如今，我們的文化已失去了和老一輩說書人的連結。許多生在這個時代的孩子，都被剝奪了想像力，也沒有機會培養好好傾聽的能力，也失去熟知古老童話的契機，而這些原本都是孩子們能夠擁有的珍貴寶藏。在一個科技高度發達的時代，聲光效果來得如此快速簡單，許多孩子都已不再有機會，在進入夢鄉之前，聽到父母或照顧者為自己讀一篇童話故事。童話故事的神奇力量，能深深穿透孩子的意識——為孩子的內在空間與靈魂，添上色彩和意義。無論是孩子或大人，去和這令人陶醉的內在世界建立起接觸的方式，都是非常重要的事。對自己的內在小孩工作是一種常見的療癒方式，

這麼做能幫助我們找回內在迷失的孩子，打開這扇大門——讓人們拿回愛自己的力量。這就是童話故事裡所謂的「從此大家過著幸福快樂的生活」。當一個人開始療癒過往的傷痛，最終，他們會找到回歸光明的方法。而這過程中最令人振奮的，是個人內在的療癒，也會觸碰到人類集體的傷痛。雖然我們是對自己進行療癒，卻也是在帶領大眾一同向前，那不是透過文字，而是透過實際的細胞推進來辦到——那是一種投身宇宙服務的量子躍進。

《內在小孩童話療癒卡》以圖畫意象為語言，為使用者打開了大門；人們將有望透過這座滋養之泉，讓內心的聲音再度被聽見。一個鄉巴佬，把國王賜的整座檀香森林，燒成木炭來賣——我們都能從這樣的故事中學到許多。我們經常看不見近在眼前的寶藏。我們經常陷於迫切求生的慾望，而摧毀或忽視了自己最珍貴的禮物與天賦。我們每一個人都是豐富而神聖的，就像引領我們的宇宙創造者一樣。這是一副向內在閃耀的自我致敬的牌卡，我們內在的星光孩子就住在我們心裡，訴說著愛的語言。

身為作者，我們知道語言將是構成未來必不可少的一部份。無論是何種形式——塗鴉、書寫、唱誦、跳舞或作畫——語言是我們的溝通能力，它是如此神聖。在書寫這本書的時候，我們全心投入，盡所能讓它成為最細緻傑出的一部作品。我們在自己的靈魂探索旅程裡發現到，童話故事中有許多「性別議題」存在；對於那些用童話寓言來教導孩子，或想從中獲得成長的人來說，這是一個很重要的議題。如果我們想透過童話，來捕捉其中女性視角傳遞的象徵訊息——無論是母親、惡後母、少女、皇后……等等——去了解寓言

故事中的女性角色，對男性和女性都同樣重要。童話故事本身就是陰性的，因為它是試圖藉由靈魂之窗，揭開人們更高的心智之簾。透過歌唱、詩句、謎語和比喻，童話故事帶我們來到一片濕潤豐饒的沃土，那是有時會被智性思考或艱困的日常生活所隱藏或掩埋住的一片天地。

每個人都有這樣的渴望，希望自己的情緒能從根本上得到充分的照顧。然而，當靈魂同意投身到不可預測的地球生活，這一路勢必會面臨到挫折、否定和自我依賴，直到最終完成這趟地球的旅程。童話故事裡的女性角色，是以鮮明的方式反映了每個孩子在人生中如奧德賽般飄浪的旅程。其中有痛苦掙扎，也有克服可怕的險境之後，終究獲致的成功。在經典的童話故事裡，我們會看到能夠化險為夷的女性角色；她們在故事中施展的魔法，能在孩子的靈魂裡，編織出新的神話。這會進一步凸顯出一種更高程度的意志（Will）醒覺，一般來說就是故事裡的王子角色。有時候王子會隱藏在動物或謎樣的外表之下，這表示有一份存在於內在的生命需要被看見，而後據此做出新的行動，以它做為新的意圖。

當孩子發自內心想達到獨立或成熟，勢必會面臨和內心的惡魔抗爭、最終戰勝的過程；因為唯有如此，它才能找到自我之愛的滋養之泉。隨著時間過去，這道泉水能使健康的生命力和獨立的本質得以誕生。因此，故事裡會以女性角色——繼母或巫婆——扮演面貌多樣、甚至令人不安的角色。這些女性角色的存在或缺席（例如，因難產而死去的母親或皇后），代表的是一種意識的流，為那些艱難與困苦鋪下前路，讓它們能步向真正的真理和屬於自己的神話，

最終徹底的改變或讓魔法得以發生。在糖果屋的故事裡，那令人瑟瑟發抖的恐懼，就是由打算吃掉孩子的女巫婆作為代表。當葛麗特最終把巫婆推向爐子裡，我們得到的訊息是：我們可以，也一定會戰勝自己的恐懼。存在孩子幻想中的恐怖巫婆是陰魂不散的，但當這巫婆可以被推進火爐就此摧毀，便代表解放和自信。葛麗特自此成為一個覺醒的女性，她和漢賽爾有著同樣平等的地位，一樣渴望越過河流，回到自己安全的家。

　　寓言故事裡的女性角色象徵著靈魂裡的母親子宮，它既可能成為我們的拯救者，也可能成為最恐怖的摧毀者。在這兩種情況下，孩子都會跳脫天真浪漫的夢想，逐漸做出真正實際機敏的行動，而這也象徵著孩子通往自我獨立的旅程。在尋求自我實現的過程中——通常由小溪、壕溝、大海或淚水（靈魂的水流）作為象徵——故事的主人翁將遇到許多機會，幫助自己找到回家的路。

　　如果要從依賴之水中，升起一個健康的自我，那麼就必須切斷並釋放主角對母親和過去事物的依戀。諸如河水、許願池、神奇藥水、魚，以及其他如船、艦等仰賴水源的事物，都是內在母親的象徵，吸引我們走向療癒和轉化。在童話高潮迭起的冒險情節裡，所有滋養的面向，包括愛、安全感和智慧，都透過雪亮洞察的雙眼，成為故事的焦點。童話故事在靈魂那尚未細修、未被完全定義的邊緣上磨整，有時甚至必須直言不諱，方能揭開更具深意的命運安排——確保孩子能安全地在剛被賦予力量的新身分裡棲息。

　　第一次萌生進行這本書的念頭，是在 1977 年。我們在蘇格蘭佛雷斯鎮（Forres）的芬德霍恩基金會（Findhorn Foundation），

構思出這副塔羅牌的原型。或許有許多人都知道，芬德霍恩社區（Findhorn Community）是在 1962 年，由彼得與艾琳・卡迪（Peter and Eileen Caddy）和他們的夥伴桃樂斯・麥可林（Dorothy Maclean）共同創立的。多年來，關於芬德霍恩這個地方的奇聞軼事層出不窮，包括那裡有一座神奇的花園，以及人們會透過儀式來「調頻」至各種靈、仙子、精靈和其他自然世界中「看不見的存有」。在我們去到那個社區時，那裡已經是一個有數百人進駐，生命力非常豐沛的社區，人們在那裡進行個人轉化工作、教學，以及服務大地的工作。

我們在芬德霍恩的生活經驗，不僅是創作《內在小孩童話療癒卡》的靈感泉源，也是讓它得以誕生的遊樂場。1978 年的跨年夜，就在邁入午夜之前，我們做了一個十三張牌卡的圓形牌陣，將第十三張卡片放在中間。當我們一起翻開這張卡片，出現的是愚人（大阿爾克納牌中的第一張：0 號牌）。無論從靈性或符號學的角度，這張牌的出現都表示，屬於我們的奧德賽遠征已經啟航。就在幾個月內，我們結了婚，也開始在美國境內旅行，並且在芬德霍恩社區開設占星和塔羅牌的團體工作坊。差不多就在這段時間裡，就在這充滿刺激、豐富和旅行的生活中，我們的大女兒蓋布瑞兒來到了媽媽的身體裡。雖然我們原本計畫離開芬德霍恩，在美國西岸定居下來，但我們倆的「內在導師」卻引導我們踏上一趟環形的朝聖之旅。於是最後我們又回到芬德霍恩，蓋布瑞兒也在 1979 年誕生。在我們沒有意識到的情況下，我們真實地活出了那年的新年牌卡的預示——當愚人在靈魂進化的旅程中前行時，我們倆手牽手共同和

她一起經歷了這個過程。這真是一個有趣的啟示。

當我們決定在《內在小孩童話療癒卡》中用小紅帽這個故事來代表愚人時，我們很直覺地看到蓋布瑞兒就是那在生命之路上前行的孩子。直到現在，我們才知道那是一個多麼深刻又重大的選擇，且是很有意義的巧合。《內在小孩童話療癒卡》真正發行的那一年，蓋布瑞兒已經十三歲了，也就是說，距離我倆一開始打算設計這副塔羅牌，也已經過了十三年。十三這個數字，又和我們當初的牌卡數字吻合。我們在此和各位分享這些，是因為這個故事可以說明：塔羅解讀真的能成為一種真正的人生經驗，只要我們用足夠的勇氣，去活出它要告訴我們的故事。

距離我們離開芬德霍恩，彷彿已過了一輩子。在這期間，我們在人生的道路上峰迴路轉——有笑、有淚，一切都為我們帶來療癒和成長的機會。現在，我們已不再是夫妻，但兩個孩子——蓋布瑞兒和卡特雅——就是連接我們的黃金紐帶，我們也透過工作以及我們想共同執行並完成這個計畫的願景，一直相連在一起。真的，我們是永遠的靈魂朋友。

我們的孩子是當初創造這副牌卡最深的靈感來源。孩子們從小就會拿我們的塔羅牌來玩。她們喜歡牌卡上鮮艷的圖案，也經常會選一張卡，要我們說故事給她們聽。她們總是被最有趣、最漂亮的牌卡吸引，但我們一直希望能有一副可以讓孩子使用的塔羅牌，圖案裡少一些大人的複雜心思，更多地著重於心。

當我們看著孩子用她們小小的手洗牌、混牌的時候，那副純

粹、天真的模樣，讓我們想要把這副牌設計得更大一點。主要的原因有兩個：（1）我們希望每一張卡片都可以成為一個全景般的圖像，這麼一來，可以激發使用者的想像，同時卡片本身就猶如一張藝術品。（2）我們希望這副卡片可以像是一座彩虹橋，將金黃色的璀璨小孩，和生而為人的靈魂療癒旅程結合起來。如果你覺得自己在洗這副尺寸特別大的牌卡時顯得手腳笨拙，請試著想起，身為一個孩子，也是用他小小的手，試圖在這令人顯得渺小的人生道路上，在一個充滿各種潛能、複雜性和新發現的巨大世界裡，去捕捉更宏大的意義和靈性上的理解。

　　1988 年的一個夏日早晨，在滿月時分，我們有了一個美妙的願景：把童話故事和塔羅牌結合在一起，創造出一副能讓孩子和有赤子之心的人使用的牌卡。當我們繼續發展這個想法，我們發現塔羅牌的神秘力量，能優美地與童話和神話故事中奧妙的寓意相互契合。那天，許多啟示像絢麗的流星一樣灑落在我們身上，我們就這樣浸潤在超乎彼此的巨大視野和智慧當中。

　　至今，我們的夢想仍在擴展。我們很榮幸貝爾出版社（Bear & Company）願意將最新修訂的《內在小孩童話療癒卡》呈現在世人面前。我們也希望，這副塔羅牌能繼續為人們創造出帶領靈魂走上療癒之路的途徑。

第一部

神　　諭

The
Oracle

如何使用內在小孩童話療癒卡
How to Use This Desk

　　塔羅牌最初在 1392 年誕生於法國，從那時到現在，已經過了六個世紀。在這期間，來自世界各地不同文化的人們，曾創造出數百種不同的塔羅牌卡。其中，《內在小孩童話療癒卡》選擇用一種革命性的方式，來傳達塔羅牌的智慧及魔法。為了幫助你更加了解這副牌卡是如何設計的，以及它能在你的生活中扮演什麼樣的角色，請容我們先簡單介紹塔羅牌的近年發展歷程。

　　許多作者都曾經探討或推測過塔羅牌的源起。有些人主張，古埃及在大金字塔和人面獅身像之間有一條祕密通道，而二十二張大阿爾克納牌，就是這通道中的巨幅圖畫；當時新入門的學徒在接受點化之前，必須先通過這條長廊，讓圖畫中印刻的圖像、符號與靈性能量為他們帶來啟發。其他說法還包括，有作者提到塔羅牌起源於摩洛哥的非茲城（Fez），或是其他虛構的古老城市；在那裡，祭司和女祭司們將不朽的智慧（Ageless Wisdom），以圖畫方式呈現在卡片或書本當中。雖然各家說法都令人看得津津有味，但這些故事同時也在提醒我們：塔羅牌確切的起源至今仍然成謎。我們明確知道的是，塔羅牌能反映出許多不同層次的歷史圖象，起源可追溯到十四世紀之久。

　　塔羅（tarot）這個字來自法文，因此字尾的 t 不發音。不過，在義大利則是使用 tarocchi 這個名稱。可想而知，後來這副牌卡淪

為人們賭博與娛樂的工具。從這裡，我們可以看到另一個關於塔羅牌的歷史真相：塔羅牌與現代撲克牌之間，有明確的關聯。塔羅牌由二十二張大牌和五十六張小牌組成，大牌分別為一號牌到二十一號牌，另外還有一張叫做愚人的牌卡，編號為零。五十六張小牌由四組牌卡組成，每一組牌卡包含一到十號，以及四張宮廷人物牌。現代撲克牌共有五十二張，大部分的牌卡公司都會附上小丑牌（鬼牌），小丑牌就是古老塔羅牌中的愚人。此外，現代撲克牌中只有三個宮廷人物（國王、皇后、侍從），而塔羅牌則有四個宮廷人物（傳統上稱為國王、皇后、騎士和侍者）。[1]

　　就算只是簡單瞄一眼，也能清楚發現，有某些東西在這二十二張大阿爾克納牌之間深刻運作著。基本上，這七十八張塔羅牌可以達到三種不同層次的功用。其中，最高的層次是用塔羅牌來探索並理解不朽的智慧當中隱藏的法則。塔羅牌也是一種數字的、科學的工具，能跨越三度空間，帶人領略生命的奧義。第二個層次，是以塔羅牌中多樣的符號、圖像與原型，反映使用者一生靈魂旅程中獨特的道路與命運。第三個層次，是以塔羅牌作為神諭或帶來神聖指引的工具，使用者可以提出對自己來說重要的問題，透過牌卡收到啟迪人心的答案。透過這樣的方式，塔羅牌可以成為回看過去事件、釐清現有議題，以及打開通往未來大門的工具。

　　過去幾十年來，我們看到身心靈書店裡有各式各樣的神諭卡百花齊放。作者們別出心裁開始跨出塔羅牌的領域，以動物、樹木、盧恩文、阿茲提克文明、天使等主題設計各種牌卡。《內在小孩童話療癒卡》在設計上依然沿用塔羅牌七十八張牌卡的系統，但將神

奇童話和肉眼看不見的大自然元素融合其中，因此，這套牌卡不僅是對塔羅牌做出重大的重新詮釋，也重新點燃了在塔羅牌複雜迷離的路徑中，所隱藏的心的智慧。

雖然二十二張大阿爾克納牌，象徵每個人被稱作命運的靈性道路，但許多來自過去的牌卡，其中的符號和圖像是如此奧秘難懂，一般西方或英語國家的學生並不容易詮釋解讀。後來，各種資料逐漸出現了翻譯的版本，人們也開始對牌卡奧秘的圖像設計進行解讀。這些都讓有心學習塔羅牌的人們，能對塔羅牌和它的起源有更深度的瞭解。當我們在設計這副牌卡時，我們希望能呈現出二十二張大牌原型那迷人且傳達積極意義的美麗與光彩。

我們逐漸意識到，某些童話故事似乎能成為某些大牌的象徵，這些故事就像在「訴說著這張牌卡的故事」。舉例來說，如果你能明白「睡美人」和死神牌都在傳達關於個人蛻變的深刻訊息，你就會知道兩者之間有著相當共通的寓意。「灰姑娘」的故事則與月亮牌有關。月亮在傳統上與雙魚座有關，也和夢境與靈視的鮮活力量有關。同樣地，還有許多童話都能分別對應到特定的牌卡，例如：「白雪公主」可以對應到隱士牌（處女座），「美女與野獸」對應到力量牌（獅子座）；「長髮公主」對應到塔牌（火星），「糖果屋」則對應到戀人牌（雙子座）。

西方世界的童話，在本質上鮮活反映著集體潛意識中不被看見的原型；而透過二十二張大阿爾克納牌，這些原型得以被具體呈現出來，並且以一條靈性道路的形式被人們看見。如果我們同意，塔羅牌中的每一張大牌，所呈現的都是一種更高向度的靈性狀態或人生狀態，那麼童話故事和其中的主人翁，就是在想像的世界、夢境

的世界與孩子的幻想世界中，呈現出這些大牌原型的一個個鮮活例證。孩子們透過童話，以這樣有趣的方式，學會了塔羅牌的魔法和二十二張大牌構建出來的命運旅程。孩子們因此得到了「鑰匙」，能打開藏有童話與民間故事隱藏寓意的寶箱。《內在小孩童話療癒卡》將這些童話歸位排序，編成尊貴塔羅道路上的魔幻序列。

《內在小孩童話療癒卡》也對傳統塔羅牌的四組小阿爾克納牌做了重新的塑造和構想。這四組小牌現在變身成為神奇魔杖（仙女）、飛翔之心（美人魚）、真理寶劍（冒險的孩子）和大地水晶（小矮人）。許多塔羅牌的設計者在設計小牌時，只是單純為牌卡做編號，然後在圖片裡放入相應數量的錢幣、聖杯、權杖或寶劍。然而，在這副牌卡中，每一張小牌都訴說著一個故事，能幫助心與頭腦，對自我神聖道路上的啟示更加敞開。我們也為小阿爾克納牌中的宮廷人物做了重新的安排。

包括坎伯（Joseph Campbell）在內的許多作家都曾經提到，每一套新塔羅牌卡的小阿爾克納牌和其中的宮廷人物，都反映出設計當下的時代文化與階級分際。坎伯在談及中世紀的塔羅牌時，曾經提到，塔羅牌的寶劍象徵的是貴族、騎士與士兵，聖杯指的是教會與宗教領袖，權杖和在土地上耕作的農民有關，而五角星或錢幣指的是新興的商人階層。除此之外，塔羅牌中的宮廷人物（國王、皇后、騎士、侍者）也反映出歐洲社會在當時的時代文化。

在我們創作這副牌卡時，很明顯的是四組小牌和宮廷人物必須重新設計，才能因應人類世界進入新的千禧年後不斷經歷的變化。基於我們在芬德霍恩社區的背景，以及針對孩童的主題定位，我們很快就知道該怎麼重新設計這四組小牌。這個新的設計，更動了傳統塔

羅牌中很重要的部分。《內在小孩童話療癒卡》的四組小牌，融入了能量和靈性的展現。這是因為，所謂現代人的每日生活，現在已經有更豐富的宇宙元素與神性存在其中，而這套牌卡將這個部分反映了出來。從某個角度來說，二十二張大阿爾克納牌的魔法與奧祕，現在已經落實並滲透在五十六張小阿爾克納牌中。從這套牌卡，可以看見這樣的發現。你將看到，我們把傳統塔羅牌中的侍者、騎士、皇后和國王，重新命名為孩子、追尋者、指引者與守護者。這組新的人物不只是一組新的名稱，也帶有對應的品質和形象，它們反映的是人們在當前人生道路上尋求智慧的旅程：這些都已不再是幾百年前，由歐洲宮廷人物彰顯出來那僵硬而牢不可破的生活樣態。

　　當你想和一副新的牌卡一起工作，最棒的方式之一，就是在某個重要的時間點買下這副牌。這時間點可能是一年之中，太陽（代表靈性啟蒙）行經你出生星盤中的凱龍星（療癒、不朽智慧的教導）或天王星（直覺、革命、啟悟）、海王星（想像力、靈性敏感度、神祕學）和冥王星（深刻的心理機制、轉化、死亡／重生）的時刻。當你買下一副牌，或從別人手中收到這樣的禮物，這副牌就相當於「誕生」到你手中。牌卡就像人一樣，有自己的星盤和獨特的品質和屬性。當你在太陽行經上述行星時得到一副牌卡，這套牌卡就會帶有屬於你的神聖療癒力量。（請找一位聲譽良好的占星師，為你確認你的出生星盤，每年太陽會在哪些時候行經上述行星。這會是一個年年重覆的日期，正好是一天的時間，不多不少。）

　　前面我們曾經提到，塔羅牌的功能有三個層次。除此之外，很重要的是，你也可以只是去研究或感受單獨一張牌卡，讓牌卡的故事對你的心與靈魂說話。你可以透過這樣的方式，將二十二張大

阿爾克納牌和五十六張小阿爾克納牌連結在一起,而愚人牌(小紅帽)就是大牌和小牌之間的連結。你還可以把所有的大牌按照編號順序排出來,這樣你就可以看到這些牌卡是如何展現出神聖孩子靈性旅程的進程。我們非常建議你細細閱讀這七十八張牌卡的說明。當你這麼做,就相當於在潛意識存入這些牌卡的概念和圖像。如果你把這副牌卡當作神諭或占卜的工具,那麼這會是一個非常關鍵的步驟。

在我們繼續談下去之前,必須先對神諭(oracle)與占卜(divination)這兩個字進行區分。《藍燈書屋英語字典》(Random House Dictionary of the English Language)對神諭的解釋如下:「1. 神諭是來自神的神聖話語。透過祭司或女祭司傳達,是對於提問的回應。」而占卜則是:「1. 透過神祕學或超自然的方式,企圖預知未來事件,或是發現隱藏的智慧。2. 預知;預言。」接下來我們會在其他章節中討論幾種不同的牌陣,不過,當你要運用這副牌卡來占卜時,很重要的是要發展出一個對的意識狀態。

根據我們的看法,為占卜解讀所做的事前準備,沒有一種絕對的方式。重要的是,先讓自己的呼吸放鬆下來,舒服地坐著,然後敞開你的心和頭腦,去接受自己內心深處的平靜和喜悅。或許有些人會想要點一盞蠟燭或線香。在你內在寧靜的空間當中,請敞開來接受來自內在導師或內在指引的諄諄之言。你可以在家裡專門打造一個解讀牌卡的特殊空間,這麼做或許能帶來很大的幫助。你也可以用某些重要的物品佈置成聖壇——例如用水晶、寶石、羽毛、照片,或某些特別的紀念物品。跟著自己的感覺,創造一個解牌的程序或儀式。

如果你要用《內在小孩童話療癒卡》進行占卜，還有一件很重要的事情需要知道：你可以自己解牌、可以為家人、朋友、客戶解牌，也可以請他人為你解牌。某些靈性圈裡赫赫有名的大師不建議人們為自己解牌，不過，只要你記得保持客觀，並且讓自己在心理上和靈性上都維持在虔誠的狀態，為自己解牌也是沒有問題的。如果你有一個重要的問題亟欲得到解答，可以把這個問題寫下來放在自己面前。或許當你翻開牌卡，會需要把某些重點記下來，或你會想要把自己對牌卡的解讀錄下來。請允許頭腦對眼前出現的牌卡進行「自由聯想」。如果牌卡中出現的年長男性看起來很像你的祖父，請別質疑這樣的聯想。或許你那溫暖又敏感纖細的祖父，是現在的你很需要理解的重要形象或內在原型。要是圖案上的小男孩或小女孩，讓你想到你的兒子、女兒，或是自己的童年，那麼請跟隨這樣的靈光一閃。這些靈感可能帶有某些意義，最終能為你解開某種內在世界的寶藏之謎。

　　除此之外，最重要的是，請允許自己完全自由地從你的解讀角度去創造一個完整的故事。你可以把所有的卡片一起編成一個劇情、一部小說，或是一個冒險的旅程。只要你足夠相信自己、相信你的靈性道路，那麼即便是最艱難的問題，你也終會得到解答。此外，請明白，你和這副牌卡越是經常一起工作、一起玩，你的直覺就會越來越敏銳。如果你的提問並不是針對生活中的特定領域，那麼對牌卡的解讀就可能觸及目前生活經驗中的方方面面。請把這副牌當成你的朋友，這麼一來，你對它的解讀就會更有想像力和靈通力，也更反映出你的內在自我和外在不斷變幻的實相。

如何與孩子一起使用這副牌卡
Using the Desk With Children

　　如果你想和孩子一起使用這副牌卡，我們建議你用最簡單的方式，並且越有創意、越有想像力越好。我們設計這副牌卡的目標，是想喚醒孩童心中的純真和美妙。你可以用很多方式來「玩」這副牌。以下我們提出幾個想法和建議，讓你可以把這七十八張牌卡帶入年輕人的生活中。

　　孩子們非常重視觸覺和身體的感覺。他們喜歡探索、嘗試，觸碰周圍的一切。這副牌卡可以成為讓孩子盡情發揮豐富想像力的強大工具。光是洗牌和拿著牌卡，就能激起他們的好奇心與著迷的感覺。當你把這套牌卡介紹給孩子認識時，別忘了提到這副牌最特別且珍貴的特質——這一張張圖畫，就像是孩子們的朋友、老師和指引。這麼做能讓孩子對牌卡產生尊敬之心，讓他們能用尊重的態度學著玩這副牌卡，或是去調頻、去感受這些豐富多彩、鮮豔明亮的圖畫。

　　這些牌卡可以是靜下來冥想的工具，也可以成為好玩的活動。我們希望這些牌卡能幫助使用者訴說故事，或看見某些畫面。在這個生活充斥著電視、影像的高科技時代，現代世界的孩子們心中的夢想和願景，只能透過一個個「螢幕」來獲得。他們內在那些想要創造魔法、透過創意來遊玩的衝動，都已變得相當被動。對許多孩子來說，透過想像去發明和創造，似乎已是一種只能觀賞的旁觀者活動。我們希望傳達這樣的消息：我們每一個人身上，都有一股代

表創造力和熱情的神聖火焰。當我們將夢想表達出來，就是在實現我們個人的藝術潛能。

我們可以用很多方式，讓孩子來使用這套牌卡。你可以把二十二張大阿爾克納牌攤成扇形，讓孩子從裡面選取一張。選到的卡片就可以成為你們今天一同分享的故事。你也可以把七十八張牌一字排開，讓孩子從整副牌中抽取一張。牌卡出現的畫面，可以成為故事或遊戲的靈感。鼓勵孩子從每張牌卡中，發現或創造出自己的解讀和意義。一開始他們可能會抗拒，這時，你可以主動做出自發性的示範，讓孩子們從你的示範中獲得靈感。

在忙碌的一天過後，用卡片訴說床邊故事，能為一天畫下美好的句點；因為一天的所見所聞，就是我們在夜晚的食糧。你可以在孩子的床邊、小桌子、書櫃裡，放一副特別的牌卡，每天晚上，從這副牌卡中抽一張今晚陪伴孩子入睡的「夢之牌」，這可以成為你和孩子每天睡前的儀式。這對夜裡容易怕黑的孩子能帶來一定的幫助。你可以把這張牌放在孩子的枕頭底下，讓這張牌像守護者或保護者一樣看顧著他。也或許，你可以把「守護天使」、「鵝媽媽」或「星願」等牌卡特別挑出來放在孩子身邊，讓這些牌卡在夜裡陪伴他們。

節日也是使用這些牌卡的好時機。這副牌卡中，有好幾張牌都可以特別拿出來作為你的節日裝飾。舉例來說，聖尼古拉可以和聖誕節的裝飾襪擺在一起；五朔節*的時候，可以把魔杖六（圍著五

＊編註：五朔節是歐洲部份國家的傳統節日，於每年五月一日舉行各種慶祝儀式。

朔柱跳舞的人們）拿出來放在插著鮮花的花瓶旁，讓家裡充滿春天的氣息；又或者，你可以把水晶七（孩子與金燈台）放在光明節的燭台旁邊。還有很多可以考慮的作法，例如在復活節的時候搭配鵝媽媽這張牌，或是在冬至或春分的時候搭配黃磚路這張牌。每當孩子生日的時候，你可以拿出這套牌卡，讓孩子選一張牌，用它做為一張真正的生日卡片。

　　以上所有建議都可以根據你自己的想法，再加以描述或更動。真正的目的是要融入這些牌卡，讓它們訴說自己的話語。上述用法可以用在零到一百歲的孩子身上，一百歲以上的孩子也可以喔！

牌陣介紹
Layouts

開始洗牌之前，請先為接下來的解讀選擇一個合適的牌陣。這是一個很重要的步驟，因為當你在心理上選擇了一個牌陣，你的潛意識會立刻被「調整」到相應的狀態，以協助你針對牌陣的特定位置，去選擇適當的牌卡。

洗牌是另一個重要的儀式。每個人都有自己慣用的洗牌方式，在此，我們只建議各位帶著敏感度小心地洗牌。請意識到，當你洗牌的時候，你是把自己的振動頻率帶入牌中，而這些牌卡會根據你最深的期盼、願望和靈性上的需求，給予答覆。你的潛意識會透過某種奧妙的方式，去引導整個洗牌和抽牌的過程。只要跟著感覺，讓自己敞開來迎接內心神秘智慧殿堂的驚奇和喜悅。

當你洗好牌並準備抽牌，對於大部分的牌陣你都可以這麼做：首先把牌卡攤開呈扇形，牌面朝下，然後用左手選出牌卡。我們的右腦負責控制和帶領左半邊的身體，因此，左手和掌管直覺和想像力的「右腦」更為一致，而右手則和理性、邏輯的「左腦」更有連結。不過，如果你的慣用手為左手，那麼在你身上就可能剛好相反。當你選好牌，請根據牌陣的位置將牌一張張放好，在準備好做解讀之前，先不要翻開卡片。

我們要提出的另一個重要建議，和「逆位牌」有關。許多塔羅牌老師或書籍作者認為，逆位牌會帶來和正位牌對立或相反的訊息。在此，我們強烈建議各位忽略正位和逆位，一律只用正位牌來

解讀訊息。每一位設計者在創作塔羅牌的過程中，都花了無數的時間去雕琢其中美麗的圖像。如果把逆位牌視為是翻轉牌卡本身意義的訊息，似乎是用一種負面的方式在使用牌卡。當你接受逆位牌的概念，也就相當於把自己的力量交給頭腦裡強調二元、對立和分裂的那些部分。除此之外，你的潛意識和更高層級的老師，會在解牌過程中透過牌卡的圖像將訊息帶入你的品質當中，當你試著用逆位的角度去分析牌卡訊息，這個過程會讓你偏離這樣的神聖指引。每一張牌卡都會對你說話，但唯有當你用這些圖像一開始被畫出來的角度去檢視和觀看時，它們的話語才能被你聽見。

✦ 許願池牌陣 ✦

在你靜下來洗好牌之後，請沿著順時針的方向，將牌卡攤成一個圓形。當你這麼做，許願池牌陣就已完成。請從圓圈中隨意選擇一張卡片，將它翻過來，放在許願池（圓圈）的正中央。

如果你心中的疑問，只需要一個明確的答案，或是當你真的希望探入內在靈魂的最深處時，許願池牌陣會是最合適的牌陣。請明白，你所選擇的這一張卡片，就是一面靈性的鏡子，反映出你人生此刻的現狀。你從《內在小孩童話療癒卡》的七十八張牌中，選出這一張牌，來作為觸發改變與靈感的催化劑。請先想想，這是件多麼了不起的事！基於某些原因，其他的七十七張牌卡，正好都不是現在的你最適合用來檢視目前狀態的選擇。當你把銅幣或石頭丟入看似深不見底的許願池，一個禮物就會從你心中那隱秘的智慧之井

和愛之井當中浮現——以這個例子來說，那個禮物就是這張牌卡。
請珍惜這個來自你內在小孩的禮物。

　　許願池也可以是一個團體牌陣，讓多人一起使用，尤其可以在
一場會議或聚會開始之前，作為一個特別的開場儀式。進行的方式
是：每一個人輪流洗牌，然後大家一起把攤開的牌排成一個圓形。
接著，大家指派一個人負責抽牌。抽牌的人敏感而小心地從牌陣中
選出一張牌，這張牌將為這個團體在未來幾天或幾週的主要目標提
供訊息。

> ＊請注意，許願池牌陣最大的魔力，就在於只用一張牌來揭示生活
> 的奧秘。從數字學的角度來看，數字1代表合一、完整與靈性的
> 力量。

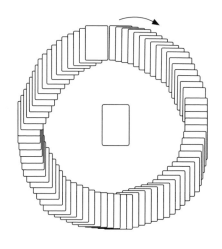

▲許願池牌陣

✦ 轉角後面是什麼？✦

這個牌陣是我們根據簡單的「過去－現在－未來」而發展出來的版本，只需要使用到三張牌。數字3和聚合、創意、喜悅和神性啟發有關。

把牌卡攤開之後，請從任一地方選出三張牌，分別代表第一間房子（過去）、轉角（現在）和轉角後面的房子（未來）。請從右到左放置這些牌卡。就像孩子騎著腳踏車從自己家裡去朋友家玩一樣，現在的你，也正在從一個現狀中離開，經過轉角，進入一個新的際遇。當你「決定轉彎」，你的過去、現在和未來，也就都能被理解了。

▲「轉角後面是什麼？」牌陣

這個牌陣除了能讓你依照時間的先後順序來說故事之外，也可以幫助你理解到，你的每一個舉動，都會創造出相應的反應，最終需要獲得解決。古人用這樣的「三位牌陣（trinity）」作為論述、對照與融合的系統。所有三張牌的牌陣解讀，都可以幫助你用一種豐富而充滿啟發的方式，來整合身心靈三個層面。

✦ 孩子牌陣 ✦

這是一個五張牌的牌陣，其中充滿了驚奇與魔法。牌卡攤開之後，請從中任意挑出五張，保持牌面向下，從左到右排成一排。我們將透過孩子（child）這個英文字的五個字母，來了解牌陣中每一個位置代表的意義。

第一張牌和字母 C 有關。C 是這個字的字首，它的形狀看起來就像一彎新月。你抽到的第一張，代表你對這個世界的接受度——對於塑造你命運的宇宙勢能，你的敞開程度如何。

第二張牌和字母 H 有關。H 看起來就像一座階梯。你抽到的第二張牌，代表你能透過什麼方式，讓內在的靈性理解到達一個更高的層次。

第三張牌和字母 I 有關。當你發現，孩子（child）這個字最中間的字母竟然是象徵個體性、獨立、我、自我（ego）的字母 I，不覺得很奇妙嗎？你抽到的第三張牌，象徵目前你生活中的核心事實、一個特別的目標，以及可以為你帶來轉化的「心態轉變」。

第四張牌和字母 L 有關。第四張牌代表你正持續在創造的新

的人生（life）、你正吸引到你身邊並分享給他人的愛（love），以及你必須了解的世間法則（law）。

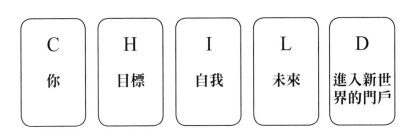

▲孩子牌陣

第五張牌和字母 D 有關。在希伯來文字母中，字母 D 的發音是 daleth，代表門的意思。你抽到的第五張牌是你進入這個世界的門戶，也是你在目前情況中遭遇挑戰和機會的途徑。出現在這個位置的牌，也象徵「你的精髓」，那是在你生活中一個獨一無二的面向；它經常不容易被真正明白，或幾乎無法被描述出來。

另外一個重要的提醒是，從數字學的角度來看，CHILD 這個字的總和是 36，並且可以進一步相加為 9。CHILD 就等於 3+8+9+(12)+4=36，也就是 9。每一個英文字都代表一個數字，這個數字是它在 26 個英文字母中的順序。也因此，A=1，H=8，L=12（可以進一步相加為 3），X=24（可以進一步相加為 6），依此類推。

為什麼對於孩童意識來說，數字 9 是這麼重要呢？這是生命的一項奧秘。不過，我們知道的是，人類的胚胎需要懷胎九月來發展成形，而阿拉伯數字的主要數字也只有九個（從一到九，之後的數字基本上就只是疊加重複而已）。

當我們在 1990 年代準備並構思這套牌卡的意義時，我們能感覺內在小孩和數字 9 之間有一種特殊的關聯。現在看起來，兩者之間確實具有密切的關連，而 1990 年代也註定是一個療癒內在小孩、認出全球孩童真正需要的重要年代。從星象上也能看到相符之處。象徵療癒和不朽智慧的凱龍星，正好在 1991 到 1993 年間行經獅子座——這是五十年來首見的現象。獅子座是所有星座中，和各方面的孩童意識最為相關的代表星座。

✦ 彩虹牌陣 ✦

所有用七張牌組成的牌陣，都有魔法和奧秘的元素存在其中。彩虹的七個顏色就像是靈性世界和人類生活締結的一份契約，象徵天的魔法與地的魔法，和天地之間的相互貫通。

請像平常一樣把牌攤開，然後從中任意選出七張牌卡。將這七張牌卡從左到右排成拱形：前三張牌由下往上擺，第四張牌為頂點，後三張牌以對稱的方式漸次往下排，這樣就完成一個拱形。

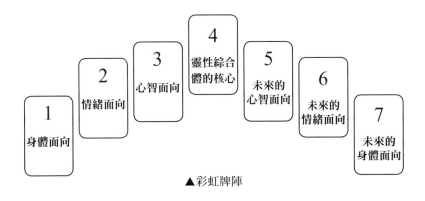

▲彩虹牌陣

　　你可以用幾種不同的方式來解讀這七張卡片。最簡單的方式，是把第一到第三張看成是不久之前身體、情緒和心智發展的情況；第四張牌象徵此時此刻這份成長與經驗綜合起來的樣貌，也是需要被你指認的靈性轉變；第五、六、七張牌則反映出未來你在心智、情緒和身體的發展狀況。當你用這樣的方式解讀這七張牌，在第一張牌和第七張牌、第二張牌和第六張牌，以及第三張牌和第五張牌之間，分別會有著微妙卻重要的連結──第四張牌則是統整這所有一切的解讀核心。

　　你也可以用彩虹的七種顏色，以及人體七大脈輪（乙太體的能量中樞）來解讀彩虹牌陣的這七張牌。因此，牌陣中接連出現的圖像，可以幫助你實際理解到，你的身體有哪些部分需要療癒，或你的個性有哪些面向需要被滋養。如果在七張牌中，有哪些牌讓你特別有感應，那就表示某個特定的脈輪需要真正的綻放開來。又或者，某張特別的牌卡顏色，可能是一個訊號，提醒你可以更常穿戴這種顏色的衣物，或是在飲食中加入這種顏色的食材。

從靈魂表達的角度來看，數字 7 是一個非常重要的數字。有一派說法認為，人要長到七歲，靈魂才算真正完全駕馭了身體。七歲時，孩子的自我，或是本我，才會真正完整地展現在身上，以準備好在下一個七年，也就是八到十四歲時，專注於情緒上的成長。在那之後，接下來的七年會專注在心智的表達和發展（十五歲到二十一歲），再之後，則是七年的靈性孕育期（二十二歲到二十八歲），不過西方社會的人們，在這個歲數階段通常更關注物質生活和金錢獲得，而忽略掉靈性上的發展。

✦ 跳格子牌陣 ✦

小時候，孩子們最喜歡玩的一個遊戲就是跳格子了。跳格子有許多玩法，在此我們選擇的是十個方格的版本。跳格子的玩法是，把石頭丟進格子裡，然後從起點跳到那個格子，取回石頭，再跳回原處。遊戲的規則是，丟出去的石頭不能碰到格線，人跳過去的時候，也不能踩到線。跳格子（hopscotch）這個英文字當中的scotch，其實就是線（line）的意思。這個遊戲的贏家，就是第一個成功把石頭丟到每一個格子，並且順利取回、跳到原處的人。

當你發現，十格版的跳格子，其實能完全對應到希伯來卡巴拉生命之樹（Tree of Life of the Hebrew Kabbala）所指的十個質點（也就是能量中心，Sephiros），這確實是件令人震驚的事。生命之樹是神祕學中尚未被完全揭開的一大謎團。它是一套系統或工具，能幫助人們了解或思考關於靈性、地球上的生活，以及人類進化的奧妙。生命之樹和希伯來文中的二十二個字母相關，也和傳統塔羅牌的二十二張大牌有關。

　　跳格子這個遊戲，本身就像是一個孩子的「生命之樹」。它教會孩子紀律、耐心、專注、手眼協調、鎮定、平衡、目標導向，甚至還有基本的數學概念。孩子懂得在心中默數數字是一回事，和朋友一起在實際的生活遊戲中用「跳」的方式去經驗這些數字，又是另一回事。

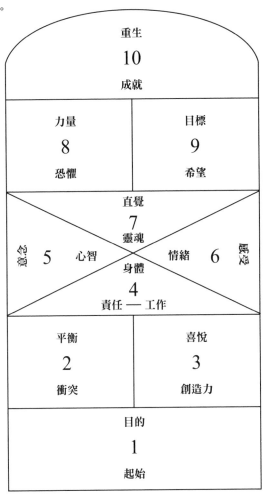

▲跳格子牌陣

將牌攤開之後，請隨意從中選出十張牌，牌面保持向下，然後分別依照跳格子的方格位置來排列這些牌。每一個位置代表的意義請參考上圖。這些意義正好和 1 到 10 這十個數字的重要主題相互呼應。就像彩虹牌陣一樣，你也可以在這個牌陣中發現，某些數字和對應的位置也有不尋常的相互關聯。例如，1 號牌和 10 號牌是對稱的，2 號與 9 號有密切的關係，3 號和 8 號在對應的位置。整個牌陣的最中間，我們看到的是核心自我的四方世界——身體、情緒、心智，以及我們所處在的靈性宇宙。除此之外，1 到 3 號牌可以視為一組象徵我們內在神性的牌卡，而 8 到 10 號牌則是另一組，代表外在世界正等待我們去經歷的綜合經驗。

✦ 螺旋梯牌陣 ✦

熟悉經典懸疑小說或懸疑片的人，對螺旋梯的樣子一定不陌生。不過，螺旋梯在這些文本中，究竟代表什麼？雖然詭異，但它象徵的是 DNA 分子的螺旋形狀。DNA 分子中藏有人的基因密碼，那是每個人內在獨特的設計，也因此每個人在這世界上都是獨一無二的存在。從這個角度來看，一個更有趣的發現是，DNA 透過胺基酸製造出人體蛋白質，而在人體細胞中主要活躍運作的胺基酸恰好是二十二種。這讓我們更進一步發現到：二十二張大阿爾克納牌、二十二個希伯來文字母，以及二十二個人體內在細胞小孩的「構成單位」之間，有先前並未發現的連結。

螺旋梯也象徵著每個人內在都擁有的昆達里尼能量，這股力量像蛇一樣，以螺旋狀盤旋在每個人海底輪的位置，準備好在人們開啟靈性道路之時，被釋放出來，為人們帶來更多啟發與洞見。更極

致的說法是，這個螺旋梯象徵的，就是我們在這世界上一步步的開展。於是，螺旋梯可能代表我們累生累世投胎轉世的進化過程，也可以代表我們在這一生每一年的進化過程。

根據我們的設計，這個螺旋梯牌陣共有二十二張牌，分別代表二十二個階段。這個牌陣，是特別為了那些想了解孩子二十二歲前人生進展的讀者所設計的，當你以這樣的方式使用這個牌陣，每一張牌就代表一年。另一個解讀方式，是將這二十二張牌分成三組，每組七張，最後一張牌在整個牌陣最上方，用來統合整個牌象。當你用這樣的方式使用這個牌陣，第一組七張牌代表的是孩子的身體進展，第二組代表孩子在情緒方面的成長，而第三組代表的是孩子在心智上的開展。最後一張牌是頂點或高峰，也就是為追尋者在人生道路上提供指引的靈性生活。

由於這個牌陣有二十二個牌位，牌陣的形狀本身就帶著巨大的力量。22 這個數字和 0 有關（這兩個數字都既是大阿爾克納牌的結束，也是開始），和天王星有關（代表變革、改變、直覺與突破），也和有能力去用更高意識建立起橋梁，讓個人與靈魂獲得連結有關。

使用這個牌陣時，首先像平常一樣，把牌卡攤開呈扇形，然後從中任意選出二十二張卡。或者，你也可以只用二十二張大阿爾克納牌來進行抽牌：洗好牌後，按照牌陣位置將手上的牌一張一張放上去。這個牌陣中的每一張牌卡，意味著在人生的二十二年間的特定經驗或啟示。請務必把這次抽牌的結果記錄下來，尤其如果抽牌的對象是新生兒或需要指引的年輕孩童。或許你會想要和家長一起為孩子抽牌，你可以請孩子的父母各自為孩子選出十一張牌，這麼做可以讓抽出來的牌卡和這次的解牌經驗更平衡、更完整。

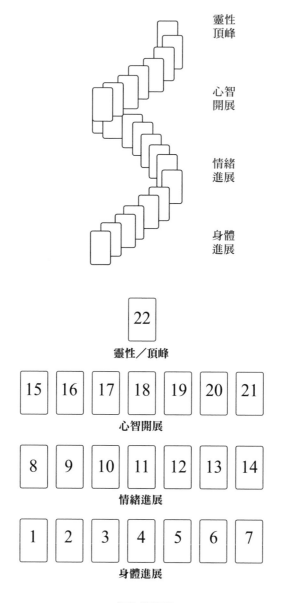

靈性
頂峰

心智
開展

情緒
進展

身體
進展

22

靈性／頂峰

15	16	17	18	19	20	21

心智開展

8	9	10	11	12	13	14

情緒進展

1	2	3	4	5	6	7

身體進展

▲螺旋梯牌陣

第二部

大阿爾克納牌

The
Major Arcana

大阿爾克納牌介紹
Introduction

　　隨著我們進入二十二張大阿爾克納牌的介紹，讓我們先把先前的所學，做一個綜合整理。塔羅牌是一個關鍵的牌卡系統，能幫助我們解開永恆智慧的秘密。每一張牌卡的設計，都反映了當時的文化、行星圖像、法則與原則。在人類集體的潛意識當中，隱藏著一些原型，透過這二十二張大牌，或說是靈魂旅程之皇家道路（Royal Road）上的站點，這些原型將能被人們看見，並具象地顯化成一條路徑。其中，身為鑽研高深奧秘知識的學徒，最重要的，是要擁有堅持在個人命運道路上的能力。我們每一個人都有一份特殊的人生使命，這份使命會隨著時間逐漸展開。透過智慧和直覺去使用大阿爾克納牌，能幫助我們揭開人生使命的意義，並且看出使命逐步展開的過程。《內在小孩童話療癒卡》生動地呈現了每個人內在小孩的神奇冒險旅程，讓我們能修復心中那個孩子遺失的天真、純粹、喜悅、驚嘆與愛。

　　如前面所述，某些童話和兒童寓言，就是這套大阿爾克納牌背後的原型。這些童話能用一種特殊的「述說」方式，來傳達牌卡要傳達的意象。當我們把注意力放在這些大牌，並開始探討其中的圖象和象徵意義時，就能獲得些許概念。大阿爾克納牌不只是人類生活的路徑，也在靈性層次上，象徵著從死亡到重生的過程。大阿爾克納牌能透露個人成就的途徑、我們從親密關係和友誼中要學會

的課題，以及當我們潛心投入靈性生活，將遇到什麼樣的挑戰和機會。

或許有人會對大牌的數字感到疑惑。為什麼是二十二張呢？雖然我們並不知道過去塔羅牌究竟是在什麼時候、由什麼人設計創造出來的，但以下幾個思考角度，可以從正確的方向引導我們，讓我們獲得一些概念。當我們概觀整個宇宙和太陽系的時候，我們能認出八個行星、月亮、太陽，以及十二個星座。將這些全部加總起來，就是二十二個天空中的影響因子——每一個對應著一張牌卡。許多研究者也將二十二張大牌，對應到二十二個如畫般的希伯來文字母。這些古老的文字，必定和二十二張大牌的符號或象徵原型有著密切的關聯。

關於二十二這個數字，或許你還會想知道以下資訊：（1）《新約聖經》中的〈啟示錄〉正好就分成二十二個章節；（2）由DNA構成的人體蛋白質中，包含了二十二個不同的基本構成單位（胺基酸）。也就是說，在占星學、文學和科學的領域中，都能看到二十二這個帶有神秘力量的數字。從數字學的角度來看，二十二帶有「大師的振動」能量，是一個在人類與靈性殿堂中，扮演橋梁角色的數字。而這恰恰就是二十二張大阿爾克納牌出眾高超的功能。

除此之外很重要的是，我們必須明白，這二十二張牌卡代表一種數字的循環或螺旋。請試著先跳脫過去將二十二張牌卡或二十二這個數字，古板地用線性方式去理解的作法。小紅帽（愚人、人生旅程的0號牌、上帝的神聖愚人、卵子、完整的圓）代表的是我們內在的孩子，他（她）即將去經歷人生旅程中接下來的二十一個體

驗。而這趟旅程就結束在第二十一號牌——大地之子，也就是在宇宙的子宮裡等待重生的孩子。看起來，小紅帽是這個序列的開頭，而大地之子是結尾，但其實這都只是幻象。事實上，這兩張牌是重合的，它們共同完成了這二十二張牌卡的循環。包括鄔斯賓斯基（P. D. Ouspensky）在內的塔羅學習者，都曾提到大阿爾克納牌中，除了愚人（0 號牌）之外的二十一張牌，各自又以七張牌為一組，呈現出三個循環。這三個循環可以用來指稱生命成長階段中的三個七年——一歲到七歲（身體）、八歲到十四歲（情緒）、十五到二十一歲（心智）——而二十二歲則到達了人類金字塔的某種頂端，代表的是生命靈性旅程的開始。[2]

　　從下面這張表，可以看到某些大阿爾克納牌之間特殊的關聯。請記得，牌卡之間永遠有數字學上的連結。例如 2 號牌、11 號牌和 20 號牌是互有關聯的，因為它們都和數字 2 的品質與精神有關。而 3 號牌、12 號牌和 21 號牌也有密切的關係，因為它們都和數字 3 有關……依此類推。除此之外，牌卡之間也會因為童話主題，而產生特定的關連。舉例來說，小紅帽、大野狼和三隻小豬這三張牌就互有關聯，因為這三個故事都有狼的存在。如果某一個牌陣裡，出現了兩到三張以上的牌卡，那麼就必須特別去仔細解讀其中狼的意義。鵝媽媽和傑克與魔豆也互有關連，因為這兩個故事中，都有會下金蛋的鵝（雞）。而神仙教母和灰姑娘則是同一個故事中的人物。隨著你使用這副牌卡的時間越來越長，你會在卡片之間發現更多不尋常的關聯。

大阿爾克納牌			
編號	名稱	掌管的行星或星座	主題
0	小紅帽	天王星	內在小孩
I	阿拉丁神燈	水星	孩童創意
II	神仙教母	月亮	智慧守護者
III	鵝媽媽	金星	母親
IV	國王的新衣	牡羊座	父親
V	巫師	金牛座	點化者
VI	糖果屋—漢賽爾與葛麗特	雙子座	身體的結盟
VII	彼得潘	巨蟹座	情緒的結盟
VIII	美女與野獸	獅子座	心智的結盟
IX	白雪公主	處女座	靈性的結盟
X	愛麗絲夢遊仙境	木星	生命之輪
XI	點石成金	天秤座	宇宙平衡
XII	傑克與魔豆	海王星	犧牲(讓犧牲變得神聖)
XIII	睡美人	天蠍座	死亡／沉睡
XIV	守護天使	射手座	保護（高我）
XV	大野狼	摩羯座	陰暗面的我
XVI	長髮公主	火星	淨化
XVII	星願	水瓶座	內在靈魂
XVIII	灰姑娘	雙魚座	夢想／願景
XIX	黃磚路	太陽	宇宙面的我
XX	三隻小豬	冥王星	再次投生的召喚
XXI	大地之子	土星	孕育新生命

　　表格最右邊的「主題」一欄，是看待這些大阿爾克納牌的建議方式之一。小紅帽（0號牌）代表的是即將透過1號牌到9號牌的九個階段，去經驗各種不同人生課題與關係課題的孩童靈魂；這趟旅程結束在白雪公主（9號牌），它代表的是靈性的結盟以及對整體人類的服務。接下來，這趟旅程會進入愛麗絲夢遊仙境（10號牌），也就是生命之輪，代表業力、高低起伏，以及重新再生。到了點石成金（11號牌）和傑克與魔豆（12號牌），這個孩子或靈魂探索者，開始為即將到來的睡眠（也就是死亡）做準備，於是進入睡美人（13號牌）。而14到19號牌，指的是人類的靈魂在離開人世之後經歷的各種靈性體驗及冒險。而後透過三隻小豬（20號牌）代表的「再次投生的召喚」（或稱審判牌），重新回到地球。最後，大地之子（21號牌）讓我們看到人類的靈魂成為胚胎，孕育在太陽系的宇宙子宮當中，他已做好準備，並十分渴望回到愚人（0號牌，小紅帽），重新開始一趟新的人間旅程。

　　小紅帽所代表的孩童靈魂，也為小阿爾克納牌和傳統塔羅牌中的宮廷人物，搭起了橋梁。如果說大阿爾克納牌象徵的是人類啟蒙道路的二十二個階段，那麼五十六張小阿爾克納牌代表的就是生活中的四個世界（身體、情緒、心智、靈性），以及在這四個世界中如何達到更高的層次與成就（十六個宮廷人物）。在解牌時，如果小紅帽出現在任何一張卡片的旁邊，就是在提醒你，務必將所有呈現在面前的圖象帶入心中，去深深地解讀。小紅帽這張牌，隱藏著從天而降的閃電，那是一個瞬間的覺醒，是啟蒙與神聖力量的驚天之雷。

Little Red Cap
小紅帽

小紅帽
Little Red Cap

　　經典的童話故事「小紅帽」（英文又名「紅帽披肩」〔Little Red Riding Hood〕），是一個關於在童年，帶著天真、好奇與興奮之情踏上旅程，在過程中受到誘惑的過程；這是從孩童走向成為一個獨立個體的最初階段。小紅帽受到媽媽指示，前去奶奶的小屋拜訪。媽媽為小紅帽準備了一籃物品，並提醒她務必沿著道路走，要避開危險的叢林。作為一個天真無畏的孩子，小紅帽對這世界充滿好奇。她的心是完全敞開的，對那些隨時準備好讓她脫離正道、遠離目的地的黑暗勢力，一點概念也沒有。

　　小紅帽在前往奶奶之家的道路上，遇到了大野狼。她告訴大野狼自己的旅程計畫，完全忘記出發前媽媽曾經再三告誡。大野狼慫恿小紅帽進入森林，她接受了他的建議，去到森林裡為奶奶摘花。同時，大野狼則先去到奶奶家，把老婦人吞了，並扮裝躺在床上等待小紅帽的來訪。在故事的尾聲，小紅帽進到房子裡，被假扮成奶奶的大野狼吃掉了。大野狼飽餐一頓之後，一個木匠進到房子裡，把大野狼劈開，在肚子裡的小紅帽和奶奶則一起被放了出來。事實

上，她們是獲得了重生，而大野狼的肚子則被塞滿石頭，最後終至死亡。這個故事還有其他的版本，其中小紅帽不斷地遇到大野狼，最後學會以智取勝。

小紅帽之所以叫做小紅帽，是因為奶奶曾經在她小時候為她製作一件帶著紅帽的披肩。她非常喜歡這件披肩，經常穿著它，於是每個人都叫她「小紅帽」。紅色代表意志和火焰，紅色的帽子在這張牌卡中，象徵靈性旅程尚在起始階段，並且代表心智的力量。在傳統塔羅牌中，0 號牌是愚人牌，常見的圖案是一個戴著奇特帽子的小丑，帽子象徵神聖意識的存在。

躲在樹林中的狼，是你我意識中尚未被完全整合的黑暗面，也是誘惑，意圖讓人遠離具有更高旨意的生命道路。大野狼象徵我們內心的反社會傾向，在大阿爾克納牌卡中，這樣的傾向還有許多不同形式的化身——例如惡巫婆、惡皇后、可怕的巨人等。而從女兒、母親和奶奶這三個角色，我們看到的是古代三位一體的女神（又稱三態女神，triple goddess）——少女、母親和老嫗。

一般來說，這張牌也是所有大阿爾克納牌的總結，因為小紅帽代表內在的孩童靈魂，而這孩子正走在通往更高意識的啟蒙道路上。大地母親將她送來人間，最終她將和宇宙智慧祖母（Grand Mother of Universal Wisdom）重新相遇。在這條路上，她將受到各種生活奇景的誘惑，並從自己的錯誤和失敗中學習。那個讓小紅帽和奶奶得以重生的木匠，象徵人性將解放個人的靈魂，讓個人能與這星球的靈性階層結合。

當你抽到小紅帽這張牌，請準備好上路冒險。請對未知而廣闊

的一切抱持敞開的心，讓自己願意去冒險。請踏出一般世俗觀念的限制。一開始，你可能會覺得迷失，或感覺周遭黑得看不見五指，就好像某種空虛感召喚你去到空無。但是，請放膽進去，接受重生。把生命看作是一個充滿選擇的遊戲，提供讓你盡情遊玩的機會。通常，當人的內在出現巨大的改變，就會經歷到愚人的體驗。戴上愚人的面具走上未知的路，是一種勇敢，也是一份謙卑。最終，透過重生，你的聰明才智和敏銳直覺將會浮現。請記得，衣服穿得鮮豔點！

傳統塔羅原型：愚人（The Fool）。

掌管的行星或星座：天王星。

Aladdin and the Magic Lamp
阿拉丁神燈

阿拉丁神燈
Aladdin and the Magic Lamp

　　「阿拉丁神燈」描述的是，孩子第一次進入心智力量掌管的世界的旅程。在這故事裡，阿拉丁收到魔法師指示，進入一個地下庭園尋找一盞老舊的油燈。魔法師給了阿拉丁一枚戒指，說它能為這趟冒險旅程提供協助。阿拉丁找到神燈後，卻無法從地下庭園中離開。他無意間摩擦到這枚戒指，一個精靈出現了。精靈答應幫他實現幾個願望，而小男孩一心只想回家。於是在許願之後，阿拉丁立刻回到了和母親同住的家。母親想變賣油燈，用錢換取一些食物，卻在不小心摩擦到油燈時，看見眼前出現一個更大的精靈。於是，阿拉丁和這威力無窮的神燈精靈就開始了一趟精彩的旅程，在充滿善與惡的道路上，追尋真正的啟蒙。故事的最後，阿拉丁娶到一位公主，並且透過巧妙的聰明才智，擊敗了想將神燈占為己有、徇私作惡的魔法師。

　　本質上，神燈代表一種由精靈照亮的光明心性，精靈（genie）則象徵靈性世界的力量，以及每個小孩都擁有的「天賦」（genius）潛能。genius 這個字來自拉丁文，字面上的意思就是「精靈棲息之

地」。此外，神燈也代表蘊藏在孩子想像力之中的覺醒力量。這個也是諸多童話、神話和古老文化的語言中，經常觸及的心智面向之一。想像力（imagination）這個字，包含 image 和 magi 這兩個字——magi 來自古波斯語，意思是「先知」（seer）或「魔術師」（wizard）。

當每個孩子學著駕馭文字的魔法，學習運用願望，或用語言與外在世界溝通，過程中都可能遭遇到困難；這就是阿拉丁在這個故事中的象徵寓意。請注意，故事中的神燈精靈是住在一個「地下」庭院中，這是孩子蘊藏在潛意識裡的生命力，以及孩子內在的顯化力。當精靈應許孩子的願望，孩子就會發現意念、文字、行動和結果之間，有著神奇的關聯。

精靈也可以被視為是守護童真與純粹之心的守護天使，祂在孩子逐漸學會自我掌控、萌生自我意識的過程中，為孩子提供所需的引導。孩子將從這樣的意識中，學會在外在世界表現、創造並顯化靈魂之心或潛意識（精靈與神燈）所給予的指示。在這張牌卡中，男孩的目光朝向神燈、寶劍、權杖，以及一座水晶聖壇。這四個物品分別象徵著自然界的四個元素力量——水、風、火、土——同時也是他在自我實現的道路上，將使用並從中獲得指引的工具。男孩身後的書櫃代表水星，是乘翼而來的上帝使者。

當你抽到阿拉丁神燈這張牌，請明白，這意味著要從你的想法、文字和行動中，創造屬於你的實相。請多多探索你的創意天賦，而不是只用善於分析的頭腦去思考。請意識到肯定語的力量，並意識到你需要保護自己，讓自己不受精神世界裡的負面思考所影響。

請記得，為物品和人們「命名」，是一門具有魔力的神奇藝術。所有的名字都是由字母組成的，而每一個字母都攜帶著數字和靈性的振動。兒童故事中出現的阿布拉卡達布拉（abracadabra）或芝麻開門等咒語，重新點燃了用文字作為力量之咒、神奇咒語的魔法。請記得，一旦精靈「被放出來」，總會伴隨著力量可能被誤用的危險。不過，那危險可以被轉化成一趟意識及心智擴張的偉大旅程。

傳統塔羅原型：魔術師（The Magician）。

掌管的行星或星座：水星。

The Fairy Godmother
神仙教母

神仙教母
The Fairy Godmother

　　女祭司牌在傳統塔羅牌中的地位，就是神仙教母牌在內在小孩童話療癒卡中的意義。雖然在格林兄弟的「灰姑娘」故事中，神仙教母並不是主要的角色，但卻大大塑造了我們對魔法協助者的概念，這點也要歸功於迪士尼對這個故事的動畫版詮釋。

　　在許多民間歌謠中，神仙女王（Fairy Queen）被稱為是「天堂的女王」。在威爾斯童話當中，則稱之為「眾生之母」（the mothers）或「母親的祝福」（the mother's blessing）。農民把仙女們稱做是「教母」（godmother）或「好心的女士」（good ladies）。人們說，仙女可以把人變成動物或石頭，然後再變回來。在「灰姑娘」的故事中，也出現過這樣的魔法：動物變成人形幫助主角，直到午夜魔法破除時再變回原樣。在原版的「灰姑娘」故事裡，那棵在灰姑娘生母墓地上，從樹枝長成的榛樹，就是母親的再生，也就是灰姑娘的魔法協助者。

　　根據格林兄弟的說法，榛樹枝的典故，出自聖母到樹林中尋找草莓，以餵養基督之子的故事。當她彎下腰，草地上出現一條毒蛇。

於是聖母躲到榛樹下，將自己藏在樹的後方，蛇也就此離開。從那之後，榛樹枝就成為保護人們不受危險侵襲的象徵。榛樹代表的是最基本、不可被摧毀的生命之力。這也是能在每個人類靈魂中落地生根的一股保護力量。

我們每個人的內在，都有自己的女祭司或神仙教母。我們在靈魂的最深處榮耀著她。當我們在靈性上越來越信任，當我們相信宇宙為我們提供了永恆不變、無庸置疑的保護，我們內在的女祭司或神仙教母，就會成長為成我們的智慧。在古代塔羅牌中，女祭司代表神祕學的導師，她是握有通往我們內在庇護所之鑰的女教皇（Papess）──那當中，有我們的內在智慧、直覺，以及對萬物生靈的虔敬之心。在古埃及，女祭司就是愛希斯女神（Isis），她和月亮的韻律及周期，有著強烈的連結。

神仙教母是懂得運用魔法的女巫，是古老神祕世界中的神聖母親。她為我們帶來我們以為自己並不知道、不能擁有，或不敢表達的事物。她為我們帶來可仰賴的內在智慧──無論是奇蹟或魔法，或是我們的神聖智慧。她為我們帶來靈魂的禮物：內在的指引，以及宇宙的愛。

當你抽到神仙教母這張牌，你的更高心智清楚知道答案是什麼。請相信你的直覺，請培養你的信心。數字 2 代表靈性世界與物質世界的平衡，也代表內在與外在這兩種途徑之間的平衡。2 是一個情緒性的數字，而且非常敏銳。兩個眾所皆知的神仙教母──分別出現在「綠野仙蹤」和「灰姑娘」這兩個故事中──總是在主人翁最需要的危急時刻出現。神仙教母是在提醒你，前方的旅程需要堅持不撓，才能完成靈魂的功課。

＊請注意：神仙教母牌（2號牌）與灰姑娘牌（18號牌）之間有著重要的連結。這不只是因為她們來自同一個故事，更是因為灰姑娘牌代表傳統塔羅牌中的「月亮牌」，而月亮也是神仙教母牌所屬的行星。

傳統塔羅原型：女祭司（The High Priestess）。

掌管的行星或星座：月亮。

Mother Goose
鵝媽媽

鵝媽媽
Mother Goose

　　代表皇后牌的鵝媽媽在故事中下的金蛋，和古埃及的金蛋神話之間，存在著明顯的連結。我們也能在下金蛋的鵝和古埃及的一位偉大母親女神之間，找到許多關聯。鵝媽媽有一頂尖尖的帽子——長得就像埃及皇冠一樣。鵝媽媽的故事源自古埃及，她是埃及的母親女神哈索爾（Mother Hathor），投胎轉世化身為尼羅河之鵝（Nile Goose）。她產下了金色的蛋，也就是太陽，另一種說法是產下埃及的太陽神拉（Ra）。象徵太陽的圓形符號有時候也被稱作鵝蛋（the goose egg）。尼羅河之鵝有時也被稱為是世界的創造者，因為她透過那最原始的世界之蛋，創造出整個宇宙。

　　金星是掌管傳統塔羅牌中皇后牌的行星，也是掌管鵝媽媽牌的行星。在古代，金星的象徵是母牛，或是代表金牛座的公牛，而金牛座的守護星也是金星。女神維納斯（Venus，英文名同金星）通常被描述為「生下太陽的偉大母牛」。希臘神話中的

奧菲斯（Orpheus）曾說，是偉大的黑暗女神（the great goddess Darkness），或暗夜母親（Mother Night）首先把世界之蛋帶到地球，也就是月亮。這讓孩子們常掛在嘴邊的那句順口溜——「母牛跳到月亮上」（the cow jumped over the moon），又添加了一層更深的涵義。

鵝媽媽就是大地母親的擬人版，她為每一個人類靈魂帶來了豐盛的生活。古埃及文化中，象徵世界之蛋的符號，和女人子宮裡胚胎的形狀一致。鵝媽媽為我們帶來詩句、謎語，以及孩子們心中永遠存在那如音樂般悅耳、幽默且深刻的秘密。從某個角度來看，她就是我們重要心智意識（璀璨耀眼的陽光）和情緒與感受（映照而來的月光）的「生育者」。鵝媽媽作為內在小孩童話療癒卡中皇后牌的代表，讓我們和整個世界與整個自然王國合而為一。她鼓動了我們對花朵、藥草、樹木、鳥兒、動物、石頭、寶石和土壤的愛。當我們與她合一，就是和宇宙的生命勢能合一。

當你抽到鵝媽媽這張牌，請對自己內在生育的潛能敞開。那原始的蛋正在你之內孵化。新的生命和新的開始即將被實現。請仔細去看看你的夢想，那當中有關於未來的線索。請用心感受生命的豐盛。請透過感官的接觸，去經驗喜悅。請讓來自植物王國的療癒力量，在你身上施展魔法，讓你的心靈、乙太體或能量體獲得修復。請認知到，你身體上的每一個脈輪，或是乙太體上的能量中樞，都像是一顆顆的蛋，正等待破殼後能閃耀出璀璨的靈性光芒。鵝媽媽能顯化出財富。她為你獻上一顆蛋，其中包含你的整個宇宙。

＊請注意：由於在「傑克與魔豆」的故事裡，也有一個下金蛋的雞，
　因此鵝媽媽（3 號牌）和傑克與魔豆（12 號牌）之間有著特別密切
　的關係。除此之外，從數字學的角度來看，身為大阿爾克納中的
　第 12 張牌，其中的 1 加上 2 之後，也相當於是數字 3。

傳統塔羅原型：皇后（The Empress）。

掌管的行星或星座：金星。

The Emperor's New Clothes
國王的新衣

國王的新衣
The Emperor's New Clothes

　　國王牌是一張關於建立和建構的牌（和數字 4 的特質有關），而它的根源，是個人對世俗力量的慾望。我們每個人心中都有這樣的慾望，而它必須透過來自皇后牌所賜予的創造力，才能相互補足。生命中的收穫，是藉由自然法則的和諧韻律去實現——不是透過國王統治的王國裡，那些政治的、權宜的、人為的法律。

　　要是國王和那滋養孕育的鵝媽媽（皇后牌）失去連結，這張牌就意味著危機的出現。國王代表的是物質界的權力，以及從地球四方集結的資源，而能為王座上的國王帶來平衡、平靜與美的人，唯有母親女神。

　　當國王變得貪婪，未能看清周遭，或者因為自己愚蠢的自我中心而變得盲目，它就會成為人性中最危險、最愚昧的代表。「國王的新衣」這個寓言故事，就是關於這愚蠢的心的最佳例證。在世人眼中的國王或大地父親（Earth Father），穿著那看不見的新衣（物

質世界的象徵），因為他已經失去現實感；多虧那兩個急著想騙取豐厚報酬的裁縫，設計了這一齣巧計。一個帶著智慧、純真的心與天真情懷的孩子，指向國王，讓所有人民從這扭曲的尷尬中驚醒過來。這個孩子代表的是靈魂中「無條件」的面向，永遠敬重真理，並追求與自然的和諧合一。

當國王與皇后齊心協力，就能帶來穩定紮根的宇宙勢能，以及來自最高秩序的靈性力量。因為男性和女性的兩極，能夠和諧、合力地運作。我們每一個人內在都有男性和女性的力量。當我們能珍視並榮耀這兩股極端的力量，就能與人性中神聖的面向一致同步。在二、三千年之前，人類還不是這樣的。

很重要的是，在大阿爾克納牌的自我實現道路上，以愚人為起點，是先經過皇后牌（鵝媽媽），才來到國王牌。在早期的亞洲文明中，王位的繼承是由女性做出決定。皇后是女人在地球上的代表，和皇后的聯姻，對王位有著無比的重要性。這就是「神聖婚姻」（holy matrimony）最原初的意涵。一個內在的陰陽聯姻，也是必須先結合承接、接納的女性力量（數字 3，地球的迴旋）之後，才能讓有秩序的男性力量（數字 4，建構的力量）得以透過宇宙的愛與智慧制定出法律。

當你抽到國王的新衣這張牌，請明白現在的我們都是從過去累積而來的。我們根據過往獲得的智慧，逐步走向未來。皇后代表生命的智慧，而國王則運用這份智慧，讓世界變得更加美好。而國王也意味著時間的限制、規矩，以及僵硬的法規。他也可能象徵盲目、

愚蠢的行為、自我毀滅的傾向，或是瞬間覺醒，看見物質界中潛藏
的合一、恩典與靈性寶藏。

*請注意：國王牌（4號牌）和睡美人（13號牌）故事中，忘記邀請
　第十三位仙女（黑仙女）前來參加宴會的愚蠢國王，有著直接的
　關聯。這兩張牌之間還有另一個明顯的關聯：從數字學的角度來
　看，睡美人（13號牌）的1加上3，正好等於國王牌的數字4。

傳統塔羅原型：國王（The Emperor）。

掌管的行星或星座：牡羊座。

The Wizard

巫 師

巫師
The Wizard

　　在傳統塔羅牌中，大阿爾克納的五號牌是教皇（The Pope）。教皇通常被解釋為教會組織裡相對僵硬死板的統治者，也象徵在地球上為基督教掌舵的冷峻人物。教皇手中握有往來天堂與地球的神祕鑰匙。到了二十世紀，某些塔羅牌設計者把這個人物重新命名為大祭司（The Hierophant），將這個人物連結到埃及的高等祭司，以及其他古文化中，受過嚴密訓練、負責為靈性學徒進行點化的人物。許多神祕學領域的作者都指出，千年以前，在大金字塔當中，有一個神祕的大祭司專門負責為新祭司進行點化。據傳，柏拉圖，甚至耶穌，都曾親身經歷這個神奇的儀式。

　　在《內在小孩童話療癒卡》，我們將這個人物原型定為巫師（The Wizard）。這位巫師不只是點化者、大祭司，也是一位仁慈、敏銳，充滿慈悲心的導師。從小，我們就曾經接觸過許多擁有這類形象的人物。例如綠野仙蹤裡的奧茲巫師，那個躲在幕後的騙子，

還有迪士尼動畫片幻想曲（Fantasia）裡收米老鼠為徒的魔術師。當然，還有輔佐年輕亞瑟王的靈性導師梅林（Merlin）。

不過，最能代表這套牌卡中巫師品質的例子，是 J‧R‧R‧托爾金（J.R.R. Tolkien）筆下的史詩故事《魔戒》當中的巫師甘道夫（Gandalf）。《魔戒》由三部曲組成，包括《魔戒現身》（The Fellowship of the Ring）、《雙城奇謀》（The Two Towers）以及《王者再臨》（The Return of the King）。這三部曲在過去幾十年來，風靡席捲了無數孩子與大人的心。這是一個既神奇又極具吸引力的奇幻神話，將人們帶到中土大陸（Middle-earth），認識其中的居住者：哈比人、矮人、精靈、樹人、九戒靈（或稱黑騎士）、半獸人、真知晶球（水晶球，或稱真知球）、蛇、猛獸、巫師甘道夫、黑暗魔君索倫（Sauron），以及許多其他角色。《魔戒》的故事細節龐大複雜，在此無法一一詳述，不過主要的故事梗概是，黑暗魔君索倫為了統御矮人、人類與精靈，鑄造了一枚至尊魔戒；這枚戒指不僅會暗中控制持有者，且法力超過以上族類持有的任何一枚魔法戒指。《魔戒》的故事，就是冒險者們試圖摧毀這枚戒指的故事。備受喜愛的哈比人佛羅多（Frodo）是至尊魔戒主要的持有人，他和他的許多同伴們，一同試著將戒指送回黑暗之地魔多（Mordor），去到那裡，就能摧毀至尊魔戒，消滅戒指附帶的惡勢力，阻止中土大陸上的戰火。

甘道夫帶著他聰智的夥伴——敵擊劍格蘭瑞（Glamdring）與神馬影疾（Shadowfax），在故事中扮演巫師、魔術師、靈性導師與守護者的角色，帶領佛羅多以及其他哈比人完成他們的任務。他

也是能大挫索倫銳氣的天敵。甘道夫作為神聖意識在中土大陸上的使者，對佛羅多（生命旅程中孩童靈魂的代表）提出警告，要他小心至尊魔戒持有的邪惡力量。他讓佛羅多知道，魔戒會如何誘拐並使持有者逐步墮落，最終扭曲持有者的心智，淪為黑暗魔君索倫操控的工具。

佛羅多與甘道夫之間的關係，清楚呈現出現代的學生與師父，以及孩子與充滿智慧的長輩之間的關係。其中，佛羅多學習到的重要領悟，就是真正的靈性力量不在至尊魔戒之內，而在於友誼的圈子之中──那是在人生道路上，由朋友、愛人和夥伴共同組成的朋友圈。《魔戒》的故事闡述的是一種更高層次的「團體意識」，以及新時代人類生活中，社群關係的美好。

當你抽到巫師這張牌，表示你身邊已出現一位靈性老師。誰是目前為你帶來最多啟發的人呢？有沒有哪一個領域是你可以更加探索的？請把音樂、藝術、文學、哲學、宗教、歷史和自然，視為你獲得更高層次知識的途徑。請為內心正在尋求答案的孩子搭建一座橋樑，從你的心，通向那總是透過夢境、預示、提示和直覺，提供乍現靈光的高我。

> ＊請注意不要為了達到自己的目標而去控制他人。最重要的是，運用你的觀想技巧（根據你的第三眼，也就是眉心輪的發展程度）去看看生命中那些物以類聚的同伴。他們就是你在這世界上，真正的力量之戒。

傳統塔羅原型：教皇（The Pope）。

掌管的行星或星座：金牛座。

Hansel and Gretel
糖果屋 —— 漢賽爾與葛麗特

糖果屋 ── 漢賽爾與葛麗特
Hansel and Gretel

　　在傳統塔羅牌中，六號牌總是以戀人（The Lover）為代表。這張牌傳達的是，在一段相互承諾的關係當中，對於信任和忠誠的需要。從一個更高的層次來看，它象徵的是物質世界與靈性世界之間的平衡。從「糖果屋」的故事，我們可以看到神聖之愛以一種最原始的形式，出現在一對相互奉獻的兄妹身上。

　　故事中，可憐的伐木工人和妻子與兩個孩子同住。這位妻子是孩子們的繼母，對他們非常殘酷。由於家中食糧不足，妻子為了求生，便勸誘丈夫將兩個孩子拋棄在森林中。從這裡可以看出丈夫意志力的軟弱，以及妻子自私的欲求。兩個孩子被帶到樹林（那個未知而罕無人跡的世界）中丟棄，只能自己試圖謀生。在此，月光（接納的、女性的、更高的智慧）扮演著指引漢賽爾與葛麗特的重要角色，還有兩隻白色的禽鳥，也為他們指引了前路。首先，一隻鴿子帶著他們去到糖果屋（象徵個人慾望、渴望、食慾的貪饞、物質的

安全感，以及對性逐漸萌芽的意識）。而後，一隻白色的鴨子又幫助他們渡河（象徵情緒上的安全感），鴨子扮演著橋梁的角色，帶領他們去到新一階段的愛與意識層級。

漢賽爾和葛麗特必須齊心合作，才能絕對地信任彼此。他們找到糖果屋時，兩人都堅信這裡一定是天堂，畢竟他們之前挨餓了這麼長時間。漢賽爾首先從屋頂開始吃（頭與精神），葛麗特則從窗戶開始（靈魂）。當他們飽腹一餐，住在糖果屋的巫婆就催促他們上床睡覺。一覺醒來，兩人便成了受困的囚徒。

在宗教作品中，鴿子通常是聖靈的代表。而在童話故事裡，那些純粹、尚未被感官汙染的靈性力量，也是以鴿子或其他白色的鳥類為象徵。那象徵智慧的瘸腿老巫婆，看不見人類真正永恆不滅的天性與成長潛力，於是最終，當她想騙過小葛麗特，迎來的卻是自己的滅頂之災。原來，真正被騙的是巫婆。小女孩把巫婆騙進火爐中，讓她在自己的大爐子裡活活被燒死。那個想吃掉孩子的老巫婆，象徵意識的黑暗面，這樣的黑暗面必須被認出，並放入火裡燃燒淨化。

至此，孩子們已獲得自由。葛麗特（靈魂）解救了漢賽爾（精神），兄妹倆一起踏上回家的路。不過，為了安全地回到父母所在的家，他們必須進入一個新的意識狀態。地上的土壤已經不足以支持他們，於是他們必須乘著精神之翼（白鴨），跨過生命之流（河水）。從至高的層次來看，一旦精神逃離感官世界的陷阱（糖果屋、肉慾之愛），便會開始憶起愛真正湧現的源頭（永恆之愛）。

當你抽到漢賽爾與葛麗特這張牌，表示一個深刻的靈性開端或靈性上的結合，很可能正在發生。請明白，每一個人內在都有陰性面與陽性面，現在，是時候讓你內在的這些部分獲得平衡。漢賽爾是阿尼姆斯（animus）的象徵——風、精神與陽性能量；而葛麗特是阿尼瑪（anima）的象徵——靈魂、滋養與陰性能量。漢賽爾和葛麗特攜手結合，代表的是神聖婚姻的原始形式。請透過冥想去看看這兩個孩子互相啟發彼此的美好，記得他們反映著彼此在父母身上缺失的愛，而父母不過是因為生活嚴峻，而疲憊到無法給予。透過靈性上的擁抱、浪漫的撫觸和衷心的凝視，你將重新經驗到豐富的無條件的愛。

傳統塔羅原型：戀人（The Lovers）。
掌管的行星或星座：雙子座。

Peter Pan
彼得潘

彼得潘
Peter Pan

　　船在神話或是靈性教導當中，通常代表著靈魂的載體，載著意識從此岸到彼岸。在「彼得潘」這個童話故事中，溫蒂和她的弟弟們不只學會了飛翔——從他們實際存在的時間與空間中逃脫——還降落到一個島嶼上，遇到一艘由虎克船長（Captain Hook）統領的大船。虎克船長和手下一群海盜象徵的是地下世界的混亂，也就是我們內心難以抑制的恐懼。叮噹仙子（Tinkerbell）是我們內在的元素之靈，也就是仙子女神。她是一個光體，並且可以隨著心之所欲，施展各種善與惡的魔法。溫蒂和她的弟弟們是人性的代表。他們被緊緊栓在投胎降生的這個地球上，然而，藉由相信除了地球還有其他世界的存在，他們都成功顯化出飛越時間限制的能力。

　　在傳統塔羅牌中，大阿爾克納牌的七號牌是戰車（The Chariot）。這個機械裝置被視為是身體的象徵，其上承載著心智與精神。駕駛戰車的御夫代表內在自我，而拉動戰車的馬，則是必須

被駕馭的神聖意志。這張牌意味著在地球上的人間生活和靈性的精神生活必須取得平衡。當一個人開始和內在的指引者接觸，他會知道自己不需要去控制那份引導，而是可以隨著外在環境優雅移動——用敞開的態度自由探索，並在日夜的輪替迴旋起舞、在光明與黑暗的平衡之間狂歡。

在「彼得潘」的故事裡，就能看到這樣的原型模式。孩子們被勸誘永遠留在夢幻島上，像彼得潘一樣做個永遠不會長大的孩子，永遠不需要成為成熟的大人。然而，這些孩子也象徵著我們永遠必須回到自己中心的那個部分；經歷了人生的種種冒險之後，我們仍然必須找到回家的路。從某個角度來看，彼得潘就像是拉著戰車的兩匹馬，象徵著帶領我們向前的基本意志，那是一股難以馴服、無法控馭的力量，拉著我們去到無盡的探險之中。然而最終，人生旅程所追求的，終究是找到自己的庇護所和靈魂家園。戰車、彼得潘、叮噹仙子和虎克船長的大船，都是在帶領我們看見宇宙自我的不同面向。

還有一點在此值得一提。當我們在前進的路上遇到障礙和轉折，請務必不要驚慌（pan-ic）。這個字是來自希臘神話中偉大的自然之神——牧神潘（Pan）。

凱龍星是人們在 1977 年才發現的一顆彗星／小行星，現有的二十二張大阿爾克納牌系統中，還沒有一張是屬於凱龍星的牌卡。不過，如果要選擇一張由凱龍星掌管的牌，就會是這張戰車和彼得潘所代表的七號牌。凱龍星（Chiron）和戰車（chariot）與孩子（child）一樣，都是以 ch 為字首；而彼得潘則象徵著永遠保有赤

子之心和長不大的孩子。

在我們撰寫本書的此刻，凱龍星正落在巨蟹座，這是近五十年來，它第一次進入巨蟹座。巨蟹座也是傳統上對應七號牌的星座。凱龍星經常被連結的意義包括：打開高等意識之門的鑰匙、特立獨行的特質、受傷的療癒師，以及不朽的智慧等。彼得潘在天空翱翔的喜悅，以及叮噹仙子身上閃爍的光芒，是凱龍星正面的特質；而幽暗的虎克船長則似乎象徵著凱龍那過去難癒的傷痛。從這個角度來看，有趣的是，虎克船長失去了一隻手，改用鐵鉤替代，而chiro 這個字在希臘文裡，就是「手」的意思。

當你抽到彼得潘這張牌，請穩穩地在生活中前行，並試著看見你隱而未見的資源。選中間的道路走，選那終究會回過頭來、帶你回家的道路。雖然在每日生活當中，為了爭取安全及安全感而奮鬥，是很有道理的事，但請允許自己自由地去作夢和幻想，讓自己勇敢冒險。請更深入探索不朽智慧（Ageless Wisdom）的含意，因為彼得潘就是一個青春不朽的原型。一旦你的靈魂收到「夢幻島」的魔法，就相當於打開了通往不朽之愛的大門。請回到「家」，回到你智慧的根源。只要你相信自己可以，你就一定能辦到。

傳統塔羅原型：戰車（The Chariot）。

掌管的行星或星座：巨蟹座。

Beauty and the Beast
美女與野獸

美女與野獸
Beauty and the Beast

　　這個經典故事最原始的版本是，美女和父親與兩個姊妹、兩個兄弟同住。大家都知道她是如此善良又善解人意，而她的兩個姊妹則個性貪婪。這原先是個財力雄厚的家庭，但父親在經歷船難後失去了所有財富。美女於是下田工作，過得平凡而謙卑。父親聽說有人見到自己遺失的財寶，於是決定遠行取回。臨行前，他問三個女兒分別想要什麼？美女的兩個姊妹想要珍貴的珠寶與華服；而美女則想要一枝黑色的玫瑰。玫瑰是花朵中的生命之星，黑色則意味著深藏於內、未被看見的美；那是玫瑰未被看見的美，也是人性未被看見的美。

　　父親踏上旅程，雖未尋獲失去的財寶，卻來到一座城堡。裡頭所有的房門都是敞開的，柴火燒得正旺，豐盛的食物就在眼前。他盡情享受了美食、充分地休息，然後好好過了一夜。隔天早上醒來後，他去到花園，採下一朵玫瑰。突然間，一頭野獸出現了。他身

形似人，卻長著一個有如獅子的頭——象徵黑色的玫瑰，或是未被看見的美。他怒氣沖沖地告訴這位父親，唯有將女兒許配給他，才能獲得他的饒恕。父親於是從野獸手中取得一筆財富。

美女去到城堡，見到這位野獸。她看出他的善良，並持續地觀察。這座城堡很美麗，且供應源源不絕的豐盛美食。有一天，她走到一座高塔，那裡有一面鏡子。鏡子告訴美女：「隨著時間過去，妳會在心裡看見一切的真相。」

美女開始反覆做著同樣的夢。夢中，她來到一座湖邊，遇見一位英俊的王子。一位老嫗告訴她，她必須明白什麼是靈魂的美。於是，她對野獸的同情之心越來越強烈。

一天，美女的父親病了，她前去探視他。野獸要求美女三天內返歸，他說：「妳不在我會死的。」然而，她待得比原本說好的時間還要久，當她看向鏡子，她看見野獸在湖邊垂死的樣子。那一刻她才發現，自己深深愛著野獸。於是她急忙回到城堡，將野獸抱在懷裡，告訴他她愛他。野獸挪動著自己的身軀，美女的眼淚低落在他身上。她起身為野獸倒水，卻從湖中看見夢中王子的倒影。當她轉頭，野獸已變身為英俊的王子。

王子告訴美女，曾經有個其貌不揚的女人來到這座城堡，而他並未善待她。於是女人用魔法詛咒他，將他變成一頭野獸，唯有當他人真正看見他的靈魂之美，這個魔法才能被解除。直到遇見美女，她那無條件真摯的愛，才為他解除了這份詛咒。

「美女與野獸」是一個啟迪人心的故事，能讓人們的心弦奏出

美麗的樂音。這古老的故事要帶給人們的體悟是：美麗與否，由觀者定奪。在傳統塔羅牌中，這張牌叫做力量，最常見到的圖案是一個美麗的女人正在打開獅子的嘴巴！

　　當你抽到美女與野獸這張牌，請接受生命中那奇蹟般的愛的禮物。這份愛的禮物不是你眼睛所見，而是你能從心中感覺到的真實。當我們向自己內在的導師與夢境敞開自己，勇於跟隨我們的心，真愛就會出現在不遠處。愛常化身為其他樣貌，一如真實也是。請越過遮擋的面具、越過人格、越過所有表面上的分類和典型，看見更深處。在黑暗裡看見光，為痛苦送上療癒的祈禱和意念，在混亂不堪中種下滿足和喜悅的種子，讓你的溫暖和慷慨寬容流入其中。當你望向靈魂之鏡，請對這份神聖生活與永恆之愛的美好禮物心懷感激。

　　傳統塔羅原型：力量（Strength）。

　　掌管的行星或星座：獅子座。

Snow White
白雪公主

白雪公主
Snow White

　　「白雪公主和七個小矮人」這個經典童話故事當中，藏有一個關於為全人類服務，以及善用智慧區辨的重大課題。

　　白雪公主的媽媽在她誕生前夕，在縫紉時被針刺破了手指。她於是許願，希望即將出生的孩子能有血一般的紅唇，雪一般的白色肌膚，以及黑檀般的烏黑秀髮。沒過多久，白雪公主便呱呱墜地，母親卻在生產過程中難產而亡。

　　白雪公主的後母是一個美麗卻邪惡、自大而且善妒的女人。她詢問魔鏡——象徵對外貌完美的追求（也是處女座的一個面向，正好是這張牌對應的星座）——誰是這世界上最美的女人？魔鏡回答：白雪公主。皇后怒不可遏，於是指派一位獵人前去謀殺白雪公主，並帶回她的心臟以示證明。獵人——在此代表人性、道德與謙卑——對這年輕的女孩感到同情，因此他放走了白雪公主，用一顆年輕動物的心交給皇后交差。

七歲大的白雪公主，獨自流浪在森林中。她需要一個棲身之所，也需要安全的保護。這時的她，正踏上一條象徵性的智慧朝聖之路。她找到一間小小的茅屋，裡面有七張床、七個碗。數字7象徵重大的靈性轉變。房子的主人——小矮人們——在鑽石礦場工作了一整天，回到家時看見白雪公主熟睡在其中一張床上。在原本的故事版本中，這些小矮人（侏儒）就是和水晶一起工作的小矮人（地精）。小矮人（地精）代表大地的智慧，也是從地心深處閃耀出來的內在之光。隨著白雪公主擔負起照顧小矮人的工作——打掃房子、準備伙食——她的智慧也日漸成熟。

　　當後母再次詢問魔鏡：誰是世界上最美的女人？魔鏡的回答，讓她知道白雪公主還活在這世上。多年來，後母三次試圖謀殺白雪公主。第一次，她偽裝成販賣蕾絲的商人，將某種布料賣給白雪公主，布料在腰間纏得太緊，公主因而昏倒過去——布料限制了她的呼吸（精神）。後來，小矮人找到白雪公主，並拯救了她。第二次，後母扮成一個賣梳子的商人，白雪公主又一次上了當，買下一把毒梳子——梳子的毒滲進她的頭與頭皮（自我認同）。這一次，又是小矮人救了她。第三次，後母假扮成賣蘋果的老婦人，打算把毒蘋果賣給白雪公主。這一次，白雪公主依然沒有區辨的能力，咬了一口毒蘋果後幾乎死去。事實上，她陷入了深深的昏迷，而這一次連矮人們也無能為力。

　　隨著這趟塵世間的智慧之旅自然開展，白雪公主即將進入最後成長階段。她不能永遠留在暗處（矮人的小屋），小矮人將她放在

玻璃棺中，讓森林中的光線點亮她的身體、心和靈魂。她需要進到光中，被人們看見。她對內所做的服務：為小矮人打點雜事、打掃、滋養他人、謙卑認份地生活，都已成功告一段落。這時，王子來到。他將公主帶走，扶她上馬。當她騎在馬背上，那口毒蘋果便從她喉嚨掉了出來。這象徵白雪公主在清理喉輪之後，重新獲得了原初的智慧。公主和她的阿尼姆斯（王子）攜手相聚，她被賦予皇冠（意味著頂輪，第七脈輪），至此她已完整，被賦予了光。

在傳統塔羅牌中，這張牌是隱士牌。牌卡上的圖案，通常是一個有智慧的老人或老嫗。藉由白雪公主的這趟朝聖之旅，或說是冒險長征，我們了解到，當靈魂生活與個體生活的各個面向被融合統整起來，我們就會變得完整。以孤立或分離的方式生活，無法使人快樂或滿足。我們在生活中進行的活動，只有部分是關於身體、情緒和心理的；除此之外還有靈魂的工作，那是我們可以對全人類進行的服務，也是一個機會和挑戰，讓我們成為「這世界上的光」。

當你抽到白雪公主這張牌，表示你已準備好接受深埋在你內心洞穴中，來自祖先的智慧寶藏。就像七個小矮人屢次拯救白雪公主於險境，將礦坑中的寶石獻給她一樣，你身邊也同樣有靈性協助者和靈性指引的幫助。這是一張關於服務和深刻反思的牌卡。當你對屬於你的命運寶藏敞開心與靈魂，你將找到許多新的機會，去點亮你身邊的世界。

傳統塔羅原型：隱士（The Hermit）。

掌管的行星或星座：處女座。

Alice in Wonderland
愛麗絲夢遊仙境

愛麗絲夢遊仙境
Alice in Wonderland

　　愛麗絲夢遊仙境是孩子們很喜歡的故事。故事的開始是，愛麗絲在一個炎熱的夏日和姐姐一起坐在河畔。後來，當她那史詩般的冒險像一場綺麗的夢境般結束，她又再次回到這裡，回到這潺潺的河水旁。愛麗絲的這趟精神夢遊之旅，途中遇見白兔（White Rabbit）、三月兔（March Hare）、特偉哥和特偉弟（Tweedledum and Tweedledee）、老鼠（The Mouse）與智蟲（The Caterpillar）、柴郡貓（Cheshire Cat）、紅心皇后帶領的紙牌僕人，和其他許許多多令人驚奇的角色。這趟旅程本身就是一個完整的循環，是心靈的迴旋之舞，也是一趟最後回到原點的冒險長征。所有關於愛麗絲夢遊仙境的一切，都讓我們想起塔羅牌第十號大阿爾克納牌的圖象——命運之輪（The wheel of Fortune）。

　　一直以來，孩子們都喜歡玩旋轉木馬、摩天輪，或任何一種會神奇地旋轉的輪狀物。在古代，命運之輪象徵人生中多不勝數的經

驗（高低起伏）、生生世世之間的時光之輪，以及投胎轉世的靈魂真相。緊接在象徵人道服務與為世界帶來啟蒙的隱士牌之後，命運之輪代表個人需要準備在未來再次投胎，迎接眼前更廣闊的靈性生活。

在愛麗絲夢遊仙境這個故事的開頭和結尾，分別有兩個重要角色，這兩個角色也從更高的角度凸顯出這張牌卡的關鍵主旨。白兔是帶著愛麗絲進入夢遊仙境的角色，他從口袋中掏出懷錶，不斷強調自己的重要約會已經遲到。這個橋段強調的是時間，由分鐘、小時、日、月和年共同構成的偉大循環——在時間的長河之上，分分秒秒不停運轉的時間之輪，造就了永恆。當愛麗絲掉進兔子洞，彷彿進入了另一個時間向度，外界的時間也就此靜止。

隨後，故事又出現了一個奇異的角色——紅心皇后。她總是說：「把她的頭砍下來！」彷彿在當下的情境（這一個關於真實的階段）裡，思考與頭腦掌管的心智面向，都必須先擺在一旁。來到這兒的人們，必須先成為真正的紅心皇后，真正潛入生命的核心，也就是生命脈動最為強烈之處。諷刺的是，故事最後在愛麗絲即將醒來之時，她看見夢中的整副牌卡飛上天，又落回到她身上。而有趣的是，在故事中，所有的牌卡都散落在愛麗絲的周圍，在《內在小孩童話療癒卡》中，愛麗絲夢遊仙境也正好是大阿爾克納牌的第十張——整副牌（整趟旅程）的中心（中間點）。

愛麗絲夢遊仙境這個故事還點出一個更大的主題，就是：人生如夢。包括柏拉圖、莎士比亞在內的許多作家，都曾指出這一點。

愛麗絲夢遊仙境的作者路易斯·卡羅（Lewis Carroll）是在 1864 年，為英國女孩愛麗絲·李道爾（Alice Liddell）創作了這個故事。（路易斯·卡羅為作者化名，在真實世界中，他是一位名叫查爾斯·道格森 Charles Dodgson 的數學家與圖書館員。）卡羅熱衷於遊戲，也非常喜歡為孩童創作小說，為孩子帶來娛樂並刺激他們的想像力。故事中俯拾皆是的文字遊戲，有著特別深遠的寓意，也展現出語言迂迴的邏輯和有趣之處。

當你抽到愛麗絲夢遊仙境這張牌，請從一個更高的角度看待你的人生。探索你的夢境和願景，那些都是此刻能擴展你個人覺知的途徑。幸運或許就在轉彎處。期待命運之輪為你帶來轉機。永遠保持樂觀的心。明白繁盛興榮的意識具有力量，而那力量將成為你勝券在握的王牌。好好利用即將來到你面前的璀璨良機。幸運之神就在你身邊。

傳統塔羅原型：命運之輪（The wheel of Fortune）。
掌管的行星或星座：木星。

The Midas Touch
點石成金

點石成金
The Midas Touch

　　無論塔羅牌如何演進，第十一號牌的圖案主角一直都是一位女性。有時她會被矇上眼睛，她代表的是宇宙的正義。坐在寶座上的她，右手拿著代表靈性力量的長劍，左手拿著代表神聖正義的秤子。這位智慧女神，在古希臘被人們稱為泰美斯（Themis），在古埃及則是瑪亞特女神（Maät）。當人的一生走到盡頭，在進入來世之前，人的靈魂必須被放上天庭之秤，經歷「因果清算」的過程。「點石成金」這個兒童故事，就蘊藏著關於這個主題的深刻寓意。

　　麥達斯國王（Midas）有一位深受寵愛的女兒，但國王最心心念念的依然是閃亮的黃金。一天，當他在盤點自己的財寶時，一位陌生人來到他身邊。陌生人問國王，在這世上，他最想要的是什麼？國王不假思索地說，他想要自己碰觸的一切都變成黃金。陌生人神秘兮兮地說，明天日出之後，國王的心願將會成真。隔天，當早晨第一道陽光灑進國王的寢宮，他驚訝地發現，願望真的成真

了。他的椅子、床，甚至是花園裡的玫瑰，都在他碰觸後變成了黃金。然而，國王心愛的女兒看見自己深愛的玫瑰成了這副模樣，氣沖沖地去找父親抗議。國王向女兒伸出雙手試著安慰她，不料卻把女兒也變成了黃金。

國王抑鬱難平，此時，陌生人再度出現。陌生人問這至高的掌權者，是否學到了教訓？麥達斯國王乞求陌生人收回自己點石成金的神力。陌生人要國王帶上一個特殊的花瓶，潛入花園水池的深處，然後用瓶子裝回深處的池水。這象徵一個淨化清理的儀式，洗去國王的貪婪與傲慢之罪。而後，只要國王將這瓶水倒在變為黃金的物品上，他珍視的一切就會回到原本的樣貌。當然，陌生人的話再度應驗，因此國王又重新找回自己深愛的女兒，也讓花園中美麗的玫瑰重獲生氣。

這個故事清楚告訴我們，除了金錢財富之外，還有其他更重要的事物，更貼近我們的心：也就是我們生活周遭，那些出現在生命中美好與神聖的事物。故事的另一個教訓是，人們該學會在行動前考量可能的後果。我們內在深處的願望很可能都會實現，卻也可能令人樂極生悲。

當你抽到點石成金這張牌，表示該去認清主宰你生活的主要價值，並理解到這些原則和觀念，是如何影響著你每一天的決定。你是依照一個平衡的道德觀點在生活，還是被這世界不平衡的眼光壓得喘不過氣呢？現在是時候去導正一切，依照對世人至善的原則去生活，並制定一個更有高度的生活計畫。我們每個人都有「點石

成金」的能力，重要的是該學習如何善用這個能力。我們的指尖都有魔力，能讓這世界變得更美好、更正直。請記得，所有的行為和舉措，都會帶來相應的回報或報應，因為因果業報是無上真實的法則。真正的財富，永遠在那些慷慨、正義的人們心中。

　　傳統塔羅原型：正義（Justice）。

　　掌管的行星或星座：天秤座。

Jack and the Beanstalk
傑克與魔豆

傑克與魔豆
Jack and the Beanstalk

　　塔羅牌的第十二號大阿爾克納牌是吊人牌，過去，吊人牌的圖案幾乎都是一個吊在木頭十字架上的人——人倒掛著，雙手交叉。這個吊人的意象，和諸多神話中即將赴死的救世主有關，他們是從天而降拯救全人類的彌賽亞。吊人意味著轉換看待生命的角度，象徵自我犧牲與精神合一的需要。

　　在「傑克與魔豆」這個故事中，因父親早逝，少年獨自照顧著窮苦的母親（代表世俗的豐盛並未獲得滿足）。少年沿著魔豆爬到另一個世界（天際），在那裡發現了人類的另一個財富來源。故事中，母親要傑克把家裡僅剩的一頭牛賣掉，以換取食物和必需品，而傑克卻只帶回幾顆號稱神奇的豆子。母親覺得這些豆子毫無用處，便隨手扔進花園裡。沒想到，正當母親為這悲慘的處境嗚嗚哭泣時，傑克卻看到窗外的豆子已在一夜之間長得高聳過天。傑克沿著豆莖向上爬了幾次，來到天上一座詭異的城堡，裡面住著巨人和

他的妻子。最終，傑克從城堡帶回一隻會下金蛋的母雞、一袋錢，還有一架能自動奏樂的魔法豎琴。最後，巨人沿著豆莖從天上追下來時，傑克成功把豆莖砍斷，巨人也應聲而倒、摔死在地。由於傑克膽大而機智，因此為自己的家庭帶回豐盛與財富。其他的故事版本則提到，傑克的父親就是由巨人所弒，而巨人的財富和稀有的財產，也都是那時從傑克家搶奪而來的。

在大阿爾克納牌的旅程中，吊人必須**翻轉**自己看待生命的角度，並臣服於此，才能步入下一階段（第十三號，死神牌），讓全新的意識得以誕生。同樣地，故事中的傑克也是去到另一個更高的世界，才得以「**翻轉自己的財務窘境**」。他沒辦法靠著眼前物質界的現實，去辦到這一切。透過大膽探索一個新的意識空間，傑克把源源不絕的新財富，帶回到自己的現實世界。

這張牌帶著一個非常重要的主題，就是交託。為了買到魔豆，傑克臣服地交出了手上的牛。當傑克用牛買下魔豆，就表示他不再服膺於這世界既有的邏輯。從某個角度來看，傑克是用這些會發芽的魔豆，豪賭一個開始新生活的可能。傑克的母親也藉由放棄所有希望、把豆子扔向花園，體驗到一種儀式上的交託與臣服。她的哭泣是一種情緒上的釋放，讓所有被壓抑的傷痛和恐懼盡情流洩而出。這同樣也是一個魔法般的舉動，讓母子倆的未來得以出現轉變。

生而為人，每一個人都有沉重的負擔。豆莖連接天地，象徵我們背在身上的十字架。我們每個人都要學習的課題之一，就是明

白自己有能力擊敗巨人。這裡的巨人可能是各種恐懼症或未知的恐懼，以及潛藏在你我心靈黑暗面中，如同巨獸的憎恨、貪婪和憤怒。

當你抽到傑克與魔豆這張牌，請試著用一個全新的角度去看待你的人生，以及身邊較為親密的親人、伴侶、朋友關係。試著透過靜心，讓自己更加清晰。注意改善姿勢，意識到你的脊椎就像是一條靈性的豆莖，它正在你體內，上下傳遞著你的神聖脈動。明白到你只需要想通一點點，就足以征服那如巨人般的難題。當你運用正面思考的力量，並透過觀想，讓自己深深潛入豐盛中，這樣的能力就足以為你的世界帶來不同。為你的人生翻開新的篇章吧！順著流走。臣服於你的靈性道途，將自己完全交託。

傳統塔羅原型：吊人（The Hanged Man）。

掌管的行星或星座：海王星。

Sleeping Beauty
睡美人

睡美人
Sleeping Beauty

　　睡美人的故事始於國王和皇后喜得一女，為了慶祝公主誕生，皇室廣發邀請函，宴請所有王公貴族和仙女前來慶賀。宴會現場，十二位仙女到來，獻上各式各樣的慶生祝福；然而，第十三位仙女——黑仙女——不小心被遺漏了。她沒有收到邀請函。黑仙女怒不可遏，於是對這個孩子下了詛咒：公主將會被紡錘針刺破手指，並因此喪命。此言一出，國王、皇后和在場的人都嚇壞了。不過，現場還有一位仙女尚未給出祝福。她雖然無法完全撤銷黑仙女的詛咒，但至少能稍微調整。仙女將詛咒改成：當公主的手碰到紡錘針，她不會因此喪命，只會沉睡一百年。

　　為了防止詛咒傷害到自己心愛的女兒，國王下令毀掉國家境內所有的紡錘。然而，長大成為少女的公主，有天來到一座高塔的閣樓房間，黑仙女正在裡頭用織布機織布。不用多久，黑仙女的詛咒就實現了。公主的手被織布機上金色的紡錘刺破，於是，公主和全國人民立刻陷入深深的睡眠，為時一百年。就在一百年即將過去時，一位年輕的騎士揮舞手中的劍，從城堡周圍錯綜複雜的樹叢砍出一條道路，長驅直入。當他進入城堡，卻發現所有的人都睡著了。他來到年輕的睡美人面前，輕吻她的額頭，這個舉動破除了魔法，也喚醒了公主和沉睡的整個國家。終於，國王一家重新團聚，全國人民也自此過著幸福快樂的生活。

睡美人這個故事，談的是從青澀步向成熟的漫長過程。尤其是一個天真年少的女孩，即將成為青少女，進入陌生的青春期的那一刻。少女開始出現經期（在故事中以紡錘刺破手指流出的血為代表），而後等待透過一段關係，帶她進入婚姻、家庭，以及背負著世俗責任的新生活。故事中沉睡的橋段，強調的是一種接納性。少女安靜沉睡的這些年頭，外在世界看似沒有任何事情發生，但孩子內在卻有性徵和情緒上的深刻轉變。對女孩來說，進入青春期的象徵是每個月流出的經血；當經期來至，就代表女孩已長成年輕的女人。而對男孩來說，青春期的象徵是聲音變得低沉，那表示男孩現在已更有力量也更有能力，在這世界上為自己發聲。

　　對一個孩子來說，像這樣的「生命轉變」或華麗變身，就像是經歷了死亡與重生。睡美人的故事裡，第十三位仙女詛咒公主死亡，而塔羅牌中的死神牌，也恰好是大阿爾克納牌中的第十三號牌。不過，在故事裡，這個喪命的詛咒，很快被改為沉睡百年。於是，死亡和睡眠的意義，在故事情節中瞬間交纏在一起。我們藉由故事了解到，死亡從來不會帶走一個人內在的靈魂或神性之光。死亡就有如一趟深刻長久的睡眠，我們終將醒來，再次和心中的摯愛相聚。故事中人們沉睡的一百年，差不多是一個人生而在世，直到靈魂離開肉身的時間，也就是我們的內在不斷學習進化，直到下一次回到地球的時間。

　　甚至在希臘神話中，睡神修普諾斯（hypnos）和死神桑納托斯（thanatos），也是「孿生兄弟」的關係。我們都知道，每天晚上當人們入睡，就相當於在經歷一次小型的死亡。透過睡眠，昨日無論成敗都歿入過去，我們在夜晚獲得充分的休息，去迎接明天的機會和挑戰。在睡美人這張牌中，馬背上的騎士正準備對睡美人給出星塵般的「意識之吻」。這位騎士代表睡美人更高的存在，那是她

的天堂本質，也是她更主動積極的一面。

最終，我們可以把這個靈魂看作是真正的睡美人。她一直沉睡，直到內在陰（女性）與陽（男性）的面向，在天地之間、在物質與精神之間，創造出神聖的聯姻。一旦人們接受投胎轉世和宇宙進化的論點，死亡就再也不能令我們感到害怕，而會被視作是一趟悠遠的睡眠。它也是一段中場休息的時間，讓我們深深潛入生前壯遊地球時尋獲的智慧。

當你抽到這張牌，你將需要一段長時間的沉澱與思考。當你的內在靜靜地成長，請別感到害怕。請帶著勇氣和平靜的心，去探索你的夢境、各種故事角色與符號象徵的意義。用接納的態度去學習。在外在世界做些什麼，並不永遠能解答你的疑惑。放下過去。像毛毛蟲化蛹為蝶一樣，你的內在深處也正經歷著一個神奇的變身過程。最終你會像老鷹一樣，在先前未知的知識領域裡展翅飛翔。

這個變身的過程是危險的，但每個孩子都需要經歷這段孵化時期，才能真正長大成人。年輕人必須踏出孩童身分的安全網，而孩童時期的悲歡喜樂，會透過想像繼續存續下去。

這張牌也凸顯出睡眠的療癒力。要是沒有足夠的睡眠，身體細胞就不能適當運作，免疫系統也會苦撐到極限。請把平和安靜的睡眠時間，看作是帶來寧靜與修復的插曲。當我們進入睡眠，靈魂便不再緊抓著身體，會到靈性宇宙間漫遊。（不過，靈魂與身體之間仍會透過一條「銀色繫帶」，或說是意識之線連結著。）好好享受每天夜晚的這趟小旅行，它將帶你到不同的存在之境，透過驚奇的夢境、預見的畫面和對未來的計畫，將這些經驗的成果帶回到你身邊。

傳統塔羅原型：死神（Death）。
掌管的行星或星座：天蠍座。

The Guardian Angel
守護天使

守護天使
The Guardian Angel

　　幾世紀以來，塔羅牌中第十四號大阿爾克納牌的圖案主角，都是一位天使或大天使。祂一腳站在地上，一腳踏在池水裡，雙手持杯，在兩個杯子之間傾倒神奇的仙劑。這張牌叫做節制牌，這位天使代表精神與靈魂能量的結合；從另一個角度來看，這張牌也代表當人的脾性被注入神性之光與智慧，那有如煉金一般的過程。我們在《內在小孩童話療癒卡》中，用守護天使來描繪這張牌。守護天使是看顧孩子成長，並在危機時刻提供保護和療癒的靈性存有。

　　中世紀時，偉大的歐洲畫家們開始在天使的頭頂畫上光環。這是一個宇宙的記號，象徵這些存有是上帝派來的使者，身上有著靈性之光。後來，舉凡聖人、女祭司、魔術師，和其他能與天界溝通的使者（也就是「天使」這個字的字面意義），在畫裡也都被畫上光環。於是我們知道，神性的光輝和點化，是真的可以出現在人類身上。人們認為，守護天使是在人之外、保護我們免於危難的一股

力量，也是我們靈魂的另一種面向，甚至可能是我們的高我。

節制（temperance）這個字固然有適度與禁慾的意思，但它還有更高的連結與含意，和拉丁文中的 tempor 有關。在拉丁文中，tempor 這個字代表一段時間，或是「天堂之下，萬物有四季之別」。除此之外，它也和拉丁文的 temperare 這個字有關，代表「混和、拌合或調節」。托特塔羅牌的設計者亞歷斯特・克勞利（Aleister Crowley）在設計塔羅牌時，將這張牌稱為藝術。為了創造美麗的藝術或音樂，人們將來自天使或更高層級的靈感力量，與物質界的材料和器具結合在一起。這就像古代人著迷於將鉛塊變成黃金的煉金術一樣。其中，鉛就是我們尚未開悟的自己，而黃金則是注滿靈魂的靈性學徒。

在某些注重冥想、觀想和魔法儀式的奧秘圈子裡，人們會追求一種特別的目標，就是和自己神聖的守護天使對話或溝通。顯然，所有人在投胎轉世期間，都有天使般的存在全程照看並引導著我們，但除此之外，每個人身邊也都有一位時時看顧著我們的天使，我們可以將祂稱做是我們的「善良天使」（Good Angel）。當我們跨過死亡的門檻，就會和這個天使融合為一。現在，已有越來越多人在討論自己天啟般的經驗，他們通常是遇見了自己的守護天使，或來自更高層級的光的存有，並且因此改變了一生。童話故事裡的神仙教母、解救難題的巫師，或是善良的好仙女，都是守護天使不同版本的化身。

當你抽到守護天使這張牌，請敞開你的心和頭腦，去接受能幫

助你恢復平衡的溫柔韻律。通常，當人生出現重大改變時，我們都會需要保護和指引。對年幼的孩子來說，安全感更是極為重要的一件事。基督教裡召喚守護天使的祈禱文，總能為孩子的心帶來平靜：「神的天使啊，我親愛的守護者，我帶著神的愛向祢致意。每一天祢在我身旁，照亮我、守護我，主宰我、指引我。」大人也懂得用類似的方式，在遭遇困難或不安時，以白光包圍自己。現在的你感覺安全、安心嗎？當你請求更高力量的協助，祂們就會前來，溫柔地擁抱你。

傳統塔羅原型：節制（Temperance）。

掌管的行星或星座：射手座。

The Big Bad Wolf
大野狼

大野狼
The Big Bad Wolf

　　塔羅牌中的第十五號大阿爾克納牌，叫做「惡魔牌」。牌卡的圖案通常會是一個像蝙蝠一樣長著巨大翅膀的怪獸，或是一個頭上長角的惡魔，把男人和女人栓在牠的王座上——牠的王座是一個方塊，象徵物質四方世界。在《內在小孩童話療癒卡》，我們用大野狼來代表惡魔這張牌。

　　許多兒童故事裡，都有大野狼這個角色。其中最具代表性的，莫過於「小紅帽」、「三隻小豬」和「彼得與狼」（Peter and the Wolf）等故事。大野狼通常是負面、作惡與黑暗的化身，似乎會吞噬我們、取走我們的性命。（在英文中，將生命〔live〕的四個字母倒過來寫，就是邪惡〔evil〕；而惡魔〔devil〕則是活過〔lived〕的倒反。）狐狸是大野狼的另一個化身，在許多童謠中也有狐狸的身影，例如《雷摩大叔》（Uncle Remus）故事集裡面，就有一對狐狸兄弟（Brer Fox）。值得注意的是，狐狸（fox）這個字在數字

學中代表 666，正好是《新約聖經》末尾〈啟示錄〉中提到的野獸之名。

從心理層面來看，童話故事能讓我們看見關於生命黑暗面和陰影面的真相。這些真相不見得是邪惡的，卻能帶我們看見，當自我試圖在人生中尋求平衡，或試著去了解這個物質世界時，可能經歷到的掙扎。當我們接受生命中有黑暗，也有造物者的奧妙安排，我們的內在之光，就會閃耀出來。人類本質中黑暗與醜陋的那一面，當中藏有能真正帶來靈性整合的種子。

大野狼和狡猾的狐狸，代表的是人類聰明才智中，狡詐、有害與惡作劇的一面。最終，這樣的面向不可能永遠佔上風，因為那必定會遭致自我毀滅。從「小紅帽」與「三隻小豬」裡的大野狼、「糖果屋」裡的壞巫婆、「白雪公主」裡邪惡的後母，還有「傑克與魔豆」裡的巨人，都可以看到這一點。在使用傳統塔羅牌時，要是抽到「惡魔」這張牌，通常帶有威嚇的意味，因為這張牌帶來的訊息，總令人想起地獄、羞恥與罪行。大野狼牌則用更自然的方式，表現出我們內在心魔的驅力，它象徵每個人潛意識的陰暗面，以及人類集體意識中，人性的黑暗面（尚未啟蒙開悟的意識）。

當人們接受自己的黑暗面，並將黑暗融入光中，療癒便會就此發生。當我們榮耀那個完整的自己——包括揮之不去的念頭、自我想像的羞恥，以及看似無法饒恕的罪行——我們就不再是恐懼的受害者了。我們將成為靈性道途上的學生，踏上通往宇宙進化的更高道路。

大野狼牌的圖畫中，蘊藏著重要的訊息。畫面中的大野狼躲在

一棵樹後，眼前是一片貧瘠的森林，欣欣向榮和盎然的生氣都已不再。遠方有一座塔，塔象徵消除小我的依附、慾念與渴望。通往更高目標的靈性道路依然存在，但道路看似荒涼，並且佈滿陰影。大野狼必須停止躲藏，大膽走進月光下，才能獲得療癒。這意味著擺脫自我中心的束縛，去和更大的世界交流溝通。

當你抽到大野狼這張牌，請張開雙臂去擁抱你的恐懼、懷疑，以及心靈面未被整合的部分。用你的光照亮心靈的黑暗地帶。接受你既有高層次的部份，也有低層次的部份，你是靈性體和物質肉身的結合。回憶你的憤怒、忌妒與憎惡，將它們轉化成喜悅、慈悲和理解。在缺口之處，撒下和諧與相伴的種子。為心中的痛苦掙扎，給予衷心而細膩的感同身受；為家人朋友做出簡單的溫暖之舉。別再對自己說謊，也別再對他人說謊。盡你所能地，學著只說真實的話、活出最真實的你。

傳統塔羅原型：惡魔（The Devil）。

掌管的行星或星座：摩羯座。

Rapunzel
長髮公主

長髮公主
Rapunzel

　　塔羅牌中第十六號大阿爾克納牌的主題，一直都是一座被雷擊中的高塔。數百年來，圖案中從塔頂摔落的人，有男性也有女性。這象徵除去自我中心的意識，同時認知到物質基礎並非靈性生活的根本。人類可以建造通天的巴別塔、華美的建築或亮麗的摩天大樓，但人們若想去到天堂，則必須得付出最大的努力，達到相應的成就。因此，在《內在小孩童話療癒卡》中，就以長髮公主這個故事，作為塔牌的代表。

　　長髮公主的故事是這樣的。一對夫妻祈請上天賜與一個孩子，上天應允了妻子的願望。懷著身孕的她望向圍籬，看見外面有一座美麗的花園。她請丈夫到那園子裡摘些蔬菜給她。不料，這座花園的主人是一位女巫，而丈夫的行逕形同偷竊。女巫告訴丈夫，要想活命，即將出生的這個女孩就得歸她所有。丈夫匆匆忙忙點頭答應，絲毫沒考慮到妻子對孩子的愛。

後來女孩出生，名叫拉芬佐（Rapunzel）。當她十二歲（正要進入青春期）時，女巫將她強行帶走，並且把她關在一座沒有樓梯的高塔中。拉芬佐除了美貌過人，還擁有悅耳動聽的聲音，以及一頭長長的金髮。

　　除了父親以外，拉芬佐從來沒有見過別的男人。有一天，一位王子行經樹林，聽見拉芬佐的歌聲。王子看到高塔下的女巫喊著：「拉芬佐！拉芬佐！把妳的頭髮放下來！」拉芬佐聞聲，從窗戶放下自己的長髮，女巫便沿著長髮爬上高塔。隨後，當女巫離開，王子便依樣畫葫蘆，也沿著拉芬佐的長髮爬上塔。一開始拉芬佐嚇壞了，但王子溫柔的聲音和細膩的舉止讓她放心下來。

　　女巫發現王子成了拉芬佐的訪客，便剪斷拉芬佐的長髮，並把這年輕女孩丟到無人的荒漠。當王子再度回來，女巫假扮成拉芬佐，放下長髮，讓王子爬上來。待王子爬到高處，女巫便把髮辮切斷。王子跌入荊棘樹叢中，失去了視力。眼盲的王子四處漫遊，最後在沙漠遇見了拉芬佐。拉芬佐喜極而泣的眼淚，讓王子恢復了視力。最終他們擁有一子一女，一同過著幸福快樂的生活。

　　從傳統角度來看，塔牌是一張和火星有關的牌。而長髮公主的故事也和自我中心的議題有關。拉芬佐是一個缺乏歷練的女孩，卻在塔中經歷了深刻的變化。這象徵著，我們必須到達青春期，才得以進入高塔。接著我們會跨越原本的自己，撼動著進入全新的意識狀態。拉芬佐的歌聲代表喉輪的覺醒，也意味著她需要被世界聽見、被世人認出。她長長的頭髮，和發展出自我中心的意識有關。

從拉芬佐的角度來看，荒漠中的生活是一份新生活的開展，她在那裡重獲新生，也象徵開始一趟更偉大的經驗。盲眼的王子，意味著我們必須停止主動的追求，避免過度依賴感官與外在世界。當人們在自我的旅程中進入到塔牌的階段，這時的他（她）必須向內走，進一步發展出更高的靈通力與直覺力。

當你抽到長髮公主這張牌，請準備好迎接轉變的到來。現在唯一能確定的，就是生活將會出現改變，或你會經歷變身的過程。或許有你想像不到、吃驚不已的事情即將發生。清除內在那些來自小我的舊有慾望、恐懼與不滿。一瞬間的轉念，就可能讓你掙脫個性帶來的依附與限制。就像女巫將拉芬佐的長髮切斷，讓她遠離心愛的王子（或說是她的主動意識）一樣，你的自我意識也正在被重新形塑、正在經歷改變。現在該是切掉來自過去的牽絆的時候了，切斷你和因果業力的連結，擺脫那些讓你疲憊不堪的行為模式，讓自己全然純淨而清晰地，在未來重獲新生。

傳統塔羅原型：塔（The Tower）。

掌管的行星或星座：火星。

Wishing Upon a Star
星願

星願
Wishing Upon a Star

　　從一個至高的角度來看，之前的四張大阿爾克納牌，說的是人們跨越死亡門檻，進入來生（第十三號牌），與守護天使合一（第十四號牌），而後遇見黑天使（第十五號牌），最終在塔裡得到淨化、完成業力釋放（第十六號牌）的過程。於是，到了第十七號牌——星星，神性之光、神性智慧和閃耀的愛都將被重新點亮。

　　在《內在小孩童話療癒卡》當中，這張牌就叫做星願。

　　在古人眼中，星星是有生命的存在，有時也被認為是天上的天使。猶太人的經文中甚至寫到，「人們在地球上的每一段經歷，都是由自己星上的天使安排的。」這讓我們想起古希臘預言家赫密斯（Hermes Trismegistus）說的那句格言：「如其在上，如其在下。」（As above, so below.）——微觀世界（人、小宇宙）的真實，反映的是宏觀世界（太陽系、宇宙）中的真相。

　　對著星星許願，意味著再一次和生命中更高的力量連結，無論

那是守護天使，還是天上的星光。宇宙間的星星，在地球上以五角星為代表，我們可以從橫切的蘋果核，或是像玫瑰這樣的五瓣花看到類似的形貌。五角星這個符號，也象徵著人類的創造面向，以及每個人進化的潛能。許下願望，然後將硬幣投入許願池，是可追溯到數百年前的一種祈禱和儀式。其中和水的連結，顯示出水中女神與月亮具有的魔力。

我們所有人都希望自己的願望能夠成真。在我們還是孩子的時候，願望通常是一種想像力的展現：「我希望我可以飛！」、「我希望我是一個仙女公主！」、「我希望我會跳芭蕾舞！」、「我長大想當消防員！」想要許願的衝動，本身就帶有魔力。它讓我們觸及到自己的可能性，那是尚未實現的一種願景、一份希望。許願是讓自己敞開接受。當我們相信自己值得迎接美夢成真的結果，夢想通常就會以不同的形式成真。

有句話說：「注意你許下的願望。」這可是一句相當重要的警告。當我們從孩子成長為大人，更需要分外有意識地許下自己的願望。許多人並不知道許願這件事本身就具有力量，也不知道有守護之星在天上照看著他們。請記得，對著星星許願本身就是一個神聖的舉動，就像呼喚偉大的神聖母親或天父一樣，祂們都帶著屬於我們每一個人的天堂禮物。

當你抽到星願這張牌，一個重要的願望、欲求或希望可能很快就要實現了。請對你在天上的星星自我敞開你的心和頭腦，那是一個更高層級的你，祂將引導你走向命運之路的更高處。或

許，你會想要在晚上或黃昏時刻，到戶外和天上的諸多天堂連結溝通。你可以將自己調整到某個壯麗行星（會移動的「流浪星球」〔wandering star〕）的頻率，例如金星、火星或木星；或者，你也可以讓自己調頻到璀璨的一等星（first magnitude star）的頻率，例如天蠍座的心宿二（Antares）、天狼星（Sirius）、金牛座的畢宿五（Aldebaran）、獅子座的軒轅十四（Regulus），或是牧夫座的大角星（Arcturus）。請記得，你的本質是靈魂之光，只是在這一趟人世之旅有著身體的外殼。當你開始進入由靈性的五角星代表的全新完美之光，請用生活活出你真心希望實現的命運。

傳統塔羅原型：星星（The Star）。

掌管的行星或星座：水瓶座。

Cinderella
灰姑娘

灰姑娘
Cinderella

　　當靈魂從過往中解放出來，並擺脫了世俗的牽絆與限制，便會繼續踏上自己的星際旅程。大阿爾克納牌中的最後四張牌，就交織出這個階段的故事：包括人類的偉大夢想（第十八號，月亮牌）、與神聖源頭的合一（第十九號，太陽牌）、重新誕生為人的召喚（第二十號，審判牌），以及重新成為胚胎，進入地球上人類演化的新生循環（第二十一號，世界牌）。

　　大阿爾克納牌中的第十八號牌，一直都和星座中的雙魚座有著密切的關連。在灰姑娘的故事裡，她先是穿著木屐，而後穿上了一雙玻璃鞋，雙魚座一直都和雙腳，以及身體下半身立足之處（understanding，也有體諒、理解之意）有關。灰姑娘一直在家中做清掃的工作，幾乎是繼母和兩位繼姊的奴僕，這也展現出雙魚座自我犧牲和受苦受難的主題。從一個更高的角度來看，灰姑娘參加王子的宴會，象徵著孩子對於長大成人、進入更大的社會、以及遇見王子的夢想，都能得到實現（雙魚座也和夢想有關）。月亮牌告

訴我們，想像力、幻想和深層的情緒都具有鮮活的力量，它也象徵地球周圍環繞著星際王國，那是一個不同次元的意識空間，裡頭有所有人類的渴望和慾望。

在最原始的灰姑娘故事版本中，仙杜瑞拉是一位富商的女兒。母親去世後，父親娶了繼母，也將繼母的兩個女兒帶入家門。兩位姊姊雖然漂亮，卻生性善妒。父親經常不在家，因此繼母開始掌管家中大小事，仙杜瑞拉不如以往受到禮遇，而被貶為女僕。她終日睡在廚房，只有一雙木屐可以穿。一天，父親要出門遠行，他問三個女兒想要他帶回什麼禮物？兩位繼女要珠寶和珍貴的寶物，仙杜瑞拉則只要父親歸途中，騎在馬背上第一根碰到頭的樹枝。父親回來後，為仙杜瑞拉帶回一枝榛樹枝，仙杜瑞拉將這樹枝栽在母親墳上。榛樹象徵保護，代表一條靈性的主軸，不是無知或黑暗的力量所能破壞。

幾年過去，榛樹枝長成美麗的榛樹，上面有世界各地飛來的美麗鳥兒。樹枝象徵一股生命力，能讓仙杜瑞拉連結到自己的源頭、她的母親、生命之樹卡巴拉（Kabbala）以及她的精神（鳥兒）。仙杜瑞拉每日在母親墳前哭泣，她的眼淚就是樹枝成長的水分，當她這麼做時，也是在和母親分享她最深的憂愁和感受。而在占星學中，感受、源頭和母親，都與月亮有關。

國家的王子宣布將舉辦三場招親舞會，歡迎全國佳麗參加。繼母為了不讓仙杜瑞拉參加，將許多耗時費力的差事指派給她。此外，她也沒有合適的衣服能參加舞會。心力交瘁的仙杜瑞拉只能到母親墳前哭泣。突然，樹上的鳥兒（也就是他的天使協助者）為她

送來華美的禮服與一雙玻璃鞋，讓她能去參加舞會。事實上，仙杜瑞拉的母親和生命之樹，留下許多寶藏般的禮物要給她。於是，仙杜瑞拉終於參加了舞會，並且與王子共舞。

到了午夜，仙杜瑞拉匆匆從王子身邊離開，卻不小心遺落了一隻玻璃鞋。王子為了找到能穿得下玻璃鞋的女孩，搜遍了整個王國。輪到仙杜瑞拉試穿這隻舞鞋時，一切就像天造地設般契合。美麗的女孩於是和王子結婚，從此過著幸福快樂的生活。這個故事的美好結局提醒著我們：靈魂（仙杜瑞拉）與精神（王子）永遠是不可分割的一對，即便生活在地球，靈魂與精神的攜手相遇也是宇宙不變的真理。

當你抽到灰姑娘這張牌，請好好探索內在深處對於過去、家庭、母親、困頓的生活，以及古代的月亮女神赫卡忒（Hecate），有什麼感覺。請認知到哀痛與謙卑的重要性，因為它們就有如踏腳石，能帶領我們迎向更深刻的喜悅、讓我們的心得以發光。到了最後，人生中最艱難的任務，都會成為我們靈性工作的成果，它們讓靈魂變得更加強壯，在未來能以更大的格局進行服務。深深反思。如果有淚，就讓它流下，因為眼淚就是生命的泉源。不是只有世間血肉至親的母親，才是孩子最強大的保護，宇宙間的母親原型，也永遠是靈魂真正的母親女神。

傳統塔羅原型：月亮（The Moon）。

掌管的行星或星座：雙魚座。

The Yellow Brick Road
黃磚路

黃磚路
The Yellow Brick Road

　　塔羅牌中第十九號大阿爾克納牌，通常是金光閃耀的太陽牌，傳達出太陽作為地球的生命之源，那壯麗雄偉的意義。太陽在古文化中，被人們敬畏為神；它在靈性上璀璨的存在，使得一切都變得可能。不過人們也知道，至高無上的太陽也能用陽光摧毀地球上的生命，若是誰竟敢傻到盯著太陽過久，也會因此瞎了眼。某些塔羅牌的太陽牌，會畫著一個孩子在向日葵花園跳舞，或者開心地騎在馬背上。這個孩子提醒了我們，要想接近自己的神性，我們就得變得像孩子一樣──純真無邪、無憂無慮、開心自在──這樣的孩童意識，將帶領人們走出黑暗，步入光明。在《內在小孩童話療癒卡》中，我們用「黃磚路」來代表這條通往更高智慧與靈性真相的道路。

　　當我們伸手想觸碰陽光，我們是在追尋一個更高的目標，試著獲得更精闢的洞見與更深一層的理解。在「綠野仙蹤」這個經典故事中，桃樂絲和她的狗托托踏上黃磚路，只為了找到那厲害的奧茲

國巫師，幫助桃樂絲找到回家的路。黃磚路代表一條能帶領這孩子到奧茲國的金色道路——奧茲國象徵高我、成年、更大的社會、人在太陽系中真正的靈魂之家，也代表太陽。灰姑娘（月亮）的玻璃鞋甚至也和走在黃磚路上的桃樂絲有關聯，因為桃樂絲只要在她的魔法鞋上敲三下，就能回到她在堪薩斯州的家。

桃樂絲在黃磚路上，遇到了和自己一樣在追尋著什麼的夥伴——稻草人、鐵皮人與膽小獅。這三個夥伴，陪著桃樂絲一起走上這趟自我實現的旅程。故事中一行人遇見的好魔女、壞魔女、快樂的矮人、謊話連篇的巫師，都是用具體的人物，呈現出朝聖者在一生的探險中，可能遇見的各種意識狀態。然而，故事的基礎是這條黃磚路，必須要沿著這條路，才能找到最後的終點：家。這裡的家，象徵著靈魂的覺醒、靈性之光，以及智慧。

據說，遠古時期的人們會閃耀如日光般的金色光芒；當時，太陽為地球注入了強大的生命力。那是希臘神話中所謂的黃金時代（Golden Age），那時的人們能與神和女神同路而行。現在，在我們的文明當中，太陽這高等的光芒，只有一部份能輝映到我們的每日生活，但許多人都在重新學習，如何讓那太陽般的自己與地球上的意識整合起來。

中國古代有一位名叫老子的智者，曾向人們述說所謂的「道」。道，就是生活之道，也是靈性道途的道。要離開這條道路是很容易的，這道路上會充滿各種挑戰與變動。要能時時保持在中心、維持平衡，並專注在自己的神聖道路上，才算得上是真正的靈性門徒與

入門者。根據目前最新的太空研究，我們知道太陽會發射一種太陽風（solar wind）到地球，太陽風就像是一片星際之毯，裡面充滿帶電的粒子，也可能含有某種奧秘的療癒振動頻率。當一個人的靈魂不斷提升、再提高自己的視野，最終，他就會回到太陽的核心，讓天堂甘露與神聖物質重新填滿自己。接著，跟隨那外太空的金色之流──黃磚路──靈魂就能準備好，在重生的號角響起之時，再一次投身地球。

當你抽到黃磚路這張牌，表示一道靈性的太陽之光，正在為你的生活引路。請讓這向日葵般的金黃之光填滿你靈魂的暗角，興高采烈地踏上「黃磚路」，去追尋你更高的目標。請為自己創造一道療癒的彩虹橋，走過這座橋，你就能去到你內心深處的奧茲國和翡翠城。你所尋找的一切，都在你觸手可及之處。這世界為你遞上了象徵機會的金色聖杯，它已準備好被你最深的希望和期盼填滿。無論你犯過多少錯、面臨著什麼樣的困難，請明白，這樣的你，依然是照亮這世界的明燈。

傳統塔羅原型：太陽（The Sun）。

掌管的行星或星座：太陽。

The Three Little Pigs
三隻小豬

三隻小豬
The Three Little Pigs

在許多塔羅牌版本當中，第二十號大阿爾克納牌的圖案，都是大天使加百列吹著號角，男人、女人與孩子從棺材中站起的畫面。這是一張象徵靈性重生與審判之日的牌卡，其中真正的審判，是靈魂決定離開更高的殿堂，重新回到俗世的地球生活當中。從另一個層級來看，這張牌也提到，我們需要以智取的方式，用個人的智慧和區辨能力，去戰勝潛在的敵人，繼續專心地走在自己的靈性道路上。「三隻小豬」這個寓言故事，是這幅牌卡裡最後一個與大野狼相遇的故事，也讓我們看見，進化的力量終將戰勝黑暗。

雖然，某些三隻小豬的故事版本把大野狼描述為小豬的對手，但在最為人熟知的故事版本中，大野狼是一頭貪吃的狼，想闖進房子裡吞下他獵食的小豬。每一隻小豬都用自己的方式蓋了一棟房子，三棟不同的房子象徵不同的個性與生活方式。第一隻小豬用稻草，第二隻小豬用荊豆花，而第三隻小豬則用磚塊搭了一座磚房。

大野狼輕輕鬆鬆，就用憤怒的咆哮把前兩棟房子吹倒了。好在，這兩隻小豬還能躲進第三隻小豬的磚房，這間房子大野狼可吹不倒。

於是，大野狼試著用三種方法誘騙小豬。第一次，他邀請小豬出門去採蘿蔔；第二次，他問小豬要不要出門摘蘋果；第三次，他約小豬和他一起逛市集。三次邀約中，小豬都學會用聰明才智騙過自己的對手。第一次，小豬刻意提早一小時去採蘿蔔；第二次，小豬刻意把幾顆蘋果丟到遠處，當大野狼忙著撿蘋果，小豬就抓緊機會逃跑；第三次，小豬在市集買了一個奶油攪拌桶，一看到大野狼，小豬就躲進桶裡快速地滾回家，大野狼在後頭追得氣急敗壞。

這時，盛怒的大野狼急著想吃掉第三隻小豬，於是他決定爬上屋頂，從煙囪溜進來。聰明的小豬聽見屋頂的腳步聲，就在壁爐上放了一壺滾燙的水。當大野狼爬進煙囪後，立刻就被燙死了。於是大野狼反而成了小豬的晚餐。

故事中第三隻小豬成功智取的故事，提醒了我們，大野狼象徵的自私、貪婪與憎惡，最終都會在激烈的淨化和清理之後被轉化。三隻小豬和大野狼之間的三次衝突，讓我們看見在充滿張力的地球上，經常存在卻可能隱而未見的光明與黑暗之爭──小豬代表著人類的抱負，而大野狼則是世界上那強大的邪惡與混亂力量。

自從冥王星在 1930 年代被發現後，便就此成為掌管這張牌卡的行星。這意味著，在三隻小豬的冒險故事背後，隱藏著關於死亡與重生、蛻變，以及永遠能排除萬難獲得勝利的人類精神。大野狼吹倒房子的強大氣息，代表一股經常為地球帶來浩劫的靈性與自然

的生命能量，它的展現方式通常是暴風雨、龍捲風或颱風。當人類學會為自己在地球上建造強而牢固的立基點——也就是第三隻小豬的磚房——那來自大自然，也可以說是來自大野狼惡狠狠的負面之風，就會顯得脆弱、不具任何影響力。

當你抽到三隻小豬這張牌，請記得用實際的角度，去建構你的周遭世界。你的靈性世界、心理世界、情緒世界和真正身處的世界，都是奠基於真實與智慧之上的嗎？當你在創作美麗的藝術品時，請注意質重於量。花時間三思重要的決定。意識到你的行為會對未來造成改變。別再浪費力氣去評斷別人。想想古人說的那句話：「勿評斷他人，否則你將被評斷。」（Judge not, lest you be judged.）重新增強自己正面、積極與內在的良善本質，讓這世界黑暗的部份無法拆解你的決心與所做的奉獻。

傳統塔羅原型：審判（Judgement）。

掌管的行星或星座：冥王星。

The Earth Child
大地之子

大地之子
The Earth Child

　　在傳統塔羅牌中，大阿爾克納牌的最後一張，叫做世界牌。在《內在小孩童話療癒卡》中，我們將它稱為大地之子——一個尚未誕生於世，正準備重生的靈魂。這個孩子是一趟漫長旅程累積的成果。當靈魂透過時間、空間、物質與精神不斷進化，最終會回到最初原始的卵的形式。當一個新的存在誕生，這個完整而沒有缺乏的靈魂，會以戲劇性的方式，進入由地、水、風與光構成的物質世界。大地之子這張牌，意在讓我們看見未來發展的潛能，以及多次元空間的意識，能夠以創意的方式滲透在生活之中。

　　降生於物質世界，意味著我們必須經驗到痛苦和苦難——諷刺的是，痛苦竟是讓地球上的人們團結齊一的共同紐帶。第二十一號大阿爾克納牌一直恰好是由土星掌管的牌卡，這個帶有美麗星環的行星，象徵紀律、責任、專注、勤工、脆弱，以及消除「舊有業力」。西藏大師道瓦庫（DjwhalKhul，D.K.）的門徒愛麗絲・貝利（Alice

Bailey）在代師父執筆的稿件中，曾確認土星和地球之間有深刻的關連。這兩顆行星體，都和一種神聖的「光束」或力量有著親密的連結，那是一股有著活躍的智力與適應力的能量。

當人們透過輪迴轉世，在地球上一次次學習、成長，靈魂便會開始理解，在廣袤無限的宇宙之間，關於「存在」這件事，有著寬闊的高度與格局。人類的胚胎，歷經受孕和在子宮內四十週的懷孕過程，本身就反映出地球生物的進化旅程——先是爬蟲類，而後兩棲類，最終在出生之前，成為哺乳類的形式。地球生物的美麗、壯觀、複雜和獨特，都交織在即將誕生於世的嬰兒構造當中。

第二十一號大阿爾克納牌（大地之子），和數字倒反過來的第十二號牌卡（傑克與魔豆）之間，有著不尋常且極為獨特的關聯。傑克攀爬的豆莖連結著天與地，這豆莖就好比是連結母親和孩子的臍帶一樣。傑克是吊人的童話版本，這意味著他自發性地決定「承受苦難」，並經歷一段自我犧牲的過程。大地之子中的胚胎靈魂，在靈性上做出一個有意識的決定，要再一次投身進入物質世界，並再一次「承擔」身在地球將經歷的「苦難」。正如吊人（第十二號牌）透過轉換自己的視角，準備好進入死神（第十三號牌）將帶來的轉化，大地之子（第二十一號牌）也放棄了至福的神聖狀態，準備好投入人類生活，只待名為誕生的轉化來臨（愚人，0 號牌）。

這二十二張大阿爾克納牌以大地之子作結，但事實上，這趟旅程是一趟循環之舞，而不是一系列線性的畫面與經驗而已。圖案中的人類胚胎——當中包含了在整趟大阿爾克納旅途中學習到極具意

義的經驗——最終會再一次成熟進化為愚人（也就是小紅帽），而後這趟生命的循環旅程，會再次重啟如新。因此，大地之子這張牌，和如同有機體般成長的魔力，以及一種透過「種子型態」運作的靈性力量，有著極大的關聯。

當你抽到大地之子這張牌，表示極具影響力的強大神聖勢力正在你的氣場中孕育成形。請用敞開的態度擁抱祂們。請記得你是如何受到看顧，看不見的協助者、指引和老師，一直在保護並滋養著你。你從來都不是孤單一人。去體驗從太陽（太陽系的神聖核心）散發出來的宇宙和諧韻律，讓自己成為你心的跳動韻律——你的心就是你身體閃閃發光的中心。那句古老的諺語——「如在其上，如在其下」——所言不虛，因為宇宙的智慧就存在於你我的 DNA 與細胞之中。最重要的是，讓孩子般的驚奇充滿在你的生活之中。用全新的眼光看待這世界，用彷彿第一次的心態，去觸碰你周圍的一切。為即將到來的入門儀式，準備好需要的勇氣。

傳統塔羅原型：世界（The World）。

掌管的行星或星座：土星。

第三部

小阿爾克納牌

The
Minor Arcana

小阿爾克納牌介紹
Introduction

　　在塔羅牌的系統裡，二十二張大阿爾克納牌代表的是人類在命運道路上經歷的偉大旅程，而五十六張小阿爾克納牌代表的，則是人類在地球生活中，在四個不同領域分別遭遇的體驗。數字 4 象徵將自己的神聖計畫定錨在地球，也象徵靈性法則在真實世界的顯化、打造堅實的基礎，以及為達到實質結果必須付出的努力。這四個世界也和四個季節、指南針上的四個方位、四個自然元素（火、風、水、土），以及希伯來文中構成上帝名字的四個字母（四字神名 -YHWH , tetragrammaton）有關。在《內在小孩童話療癒卡》中，這四組小牌分別是：神奇魔杖、真理寶劍、飛翔之心和大地水晶。

　　《內在小孩童話療癒卡》對小阿爾克納牌做了革命性的詮釋，和過去六百年間傳統塔羅牌使用的圖象都有所不同。一般來說，在傳統塔羅牌裡，小牌在牌面上是簡單地由例如七把劍、五個聖杯或十支權杖的圖案呈現，沒有場景、故事或敏銳的訊息。其他牌卡則有些用成人人物加上奧秘的符號來呈現，理解上較為困難。《內在小孩童話療癒卡》中，那把老牧羊人或農夫用的杖，搖身一變成了神奇魔杖，代表著火元素。中世紀戰士們手持的金屬武器，在這裡是一把能成為各種形式的真理寶劍，代表風元素。而杯子或基督教中的聖杯，則用更普遍的飛翔之心來替代，代表的是水元素。而古

老神祕學中象徵靈性之火的五角星，後來在牌卡中演變成錢幣，在此則變身為美麗的大地水晶，代表土元素。

《內在小孩童話療癒卡》透過這四組小牌，為我們呈現諸多細緻、溫暖且充滿靈性的場景。神奇魔杖牌組中的仙女，是我們生活中肉眼看不見的存有，祂們為大自然帶來生命及色彩。在真理寶劍牌組中的孩童，代表的是人類的好奇心，以及亟欲參透生命之謎的渴望。飛翔之心牌組中的美人魚與男人魚，則把我們的想像帶到海底世界，也就是掌管人類情感和深層感受的內在國度。而大地水晶牌組中的小矮人，則是默默埋頭苦幹的勤工，為地球上美麗的土地、石壤及山丘帶來生命與堅固的穩定性。

以上每一組小牌，都包括十張數字牌，以及四個宮廷人物。正如我們在「大阿爾克納牌介紹」中提到的，我們將傳統塔羅牌中的宮廷人物，重新做了命名，以更貼切反映當代的靈性文化。過去的侍者現在稱為孩子，騎士是追尋者，皇后是指引者，而國王則是守護者。這套牌卡中的「宮廷牌」無論在名稱、圖案和品質上，都提醒我們，無論我們選擇依循生命的哪一條路徑或「牌組」，路上總會遇到老師和模範，幫助我們提升到意識的另一個層次。

當你在解牌時，如果牌陣中出現許多來自同一牌組的牌卡，那麼，這就是一個明顯的訊號，提醒當事人要更完整地探索隱藏在那個領域的意義。舉例來說，牌陣中出現多張魔杖牌，表示在生命中需要更大的熱情與更熱烈的表現；出現多張寶劍牌，表示在人生中需要有更多的行動，並追尋清晰的覺知；出現多張飛翔之心，表示當事人應該更深入投向人間的愛與情緒感度等未知的領域；而出現

多張水晶牌，則表示當事人應該為自己、為自己的愛人，或更大的社群，建立一個更好的世界。

　　雖然二十二張大阿爾克納牌代表的是人生道路上的極大轉折和里程碑，但五十六張小阿爾克納牌的重要性並沒有比較「小」。當小阿爾克納牌出現在牌陣中，請依照直覺仔細地解讀。你可以從牌面的圖案，自由聯想到你或當事人近期在生活中發生的事件。想一想你實際在牌面中看到了什麼，並和對方討論。這個過程有可能讓你突然理解到，這張牌對你或對方真正的含意，以及它為何在此刻出現。

神奇魔杖
The Magic Wands

　　《內在小孩童話療癒卡》當中的神奇魔杖牌組，對應的是傳統塔羅牌中代表火元素的權杖、魔杖或棍杖牌。它們象徵著藝術、創造力、直覺，以及所有自然王國中的神奇現象。

　　幾百年來，人們用來自各種果樹和植物的樹皮或樹枝，來製作神奇的魔法權杖，試圖去複製大地母親和她涵納承接的陰性本質。在這組牌卡中，各式各樣的花仙子與自然界之靈出現在圖案中，一同慶賀人類意識和自然神靈與天使王國的高振頻超自然感受力達到合一。十九世紀英國神智學作家愛麗絲‧貝莉（Alice Bailey）在《論宇宙之火》（A Treatise on Cosmic Fire）這本書中曾經提到，仙子們（deva）能看見聲音、聽到顏色，而人類則恰恰相反。

　　魔杖使我們敞開來迎接喜悅和熱情到來。它催促我們跨越人類界限的限制。在神奇魔杖的頂端，有一隻蝴蝶，這進一步代表那看不見的變形過程中，存在著自然界的神奇。對我們每個人來說，那充滿創造力的轉變有可能以隱喻的方式出現，並在人生旅程中一次又一次地輪番上演。

Ace of Wands
魔杖一

魔杖一
Ace of Wands

在魔杖一這張牌卡中，我們看到偉大的靈魂潛能，正以蝴蝶的形式出現，而兩位仙子正在揭開它的面紗。在威爾斯神話中，仙子又被稱為是「母親」（the mothers）或「協助者」（the helpers）。這些仙子正是在解放人類的靈性品質。在希臘神話中，靈魂和蝴蝶是有關聯的：人們相信，靈魂在準備投胎轉世時，會化身為蝴蝶的形式。當我們期望更加了解未來，並輕輕地臣服、放下過去，這樣的轉化過程將是人生極為強烈的經歷。當我們從過往的傷痛中重新站起來，我們會帶著新的顏色、長出新的希望之翼——就像蝴蝶神奇地從黑暗的繭中誕生一樣。這隻蝴蝶現在已破繭而出，來到光明的世界，並擁有新的意識與覺知。而這很可能就是現在你人生中正發生的事。

蝴蝶也是愛的象徵，在中國，蝴蝶雙飛有靈魂攜手成雙的意涵。這個帶著翅膀的禮物，是要提醒你愛、靈魂的結合與藝術，現在正翩翩飛入你的生活。一個充滿靈感的重生正在發生。現在，是時候展現你真正的色彩了。飛翔之旅已經啟程！

Two of Wands
魔杖二

魔杖二
Two of Wands

　　世界各地有一個共通的信念，就是一個人的倒影反映著靈魂的重要部分。據說，映著倒影的表面，就是通往靈性世界的靈魂捕手（soul catcher）或門戶。在佛教中，也有一切皆是鏡花水月的說法。

　　在魔杖二這張牌中，一位美麗的仙女正在為自己在這世上的存在，尋找更深一層的意義。她不像希臘神話裡的納西賽斯（Narcissus）那樣，因為自己的虛榮而著迷於水中的倒影；這位仙女正在和她「深愛的自我」合一，或者與她那深深愛著一切的自我面向合一。她從自己的倒影中，看到神聖之美的潛能。

　　當我們準備好進行內在轉化，就必須直接面對真正的自我。你真正的自我是誰呢？你正在發光發熱嗎？這是一個個人意識與個人覺察正在不斷深化的時刻。請找一個可以一個人靜靜待著的地方，探索你隱藏的才能。直覺天賦能為你帶來力量。或許你可以透過觀想，去看看自己真正的樣貌。正如一則禪宗公案中的提問：「你的本來面目為何？」

Three of Wands
魔杖三

魔杖三
Three of Wands

　　魔杖三裡頭的三位仙女，正在慶賀著三態女神的靈感繆思。據說，天地間的第一位女神是希臘神話中的記憶女神尼莫西妮（Mnemosyne）。她代表我們內在的神聖天賦，也就是能夠記誦散文、歌曲、詩句和謎語的能力。三位繆思則為人們帶來清晰的洞察和直覺的技巧。從這些神聖創造者中，音樂與娛樂二字得以誕生。

　　圖案中的三個仙女，正彈奏著細緻的小提琴。據說，這美妙的弦樂器是為了讓創造的狂喜之情迴響出樂音而製造出來的。神奇魔杖搖身一變成為琴弓，讓仙女彈奏手上的樂器，奏出的樂音更充滿了神聖氛圍。這三位仙女身在桃枝之間，在中國，桃枝是製作神奇魔杖的材料。而桃樹本身與金星相關，代表藝術、音樂與愛。

　　這張牌卡讓你看見，今日你得到的珍貴禮物，是憶起心中的繆思。請敞開來享受藝術傳達的喜悅。宇宙的樂音從未休止地流淌著。這張牌要強調的重點是喜悅的可能——你的喜悅和生活的喜悅，都是可能的。

Four of Wands
魔杖四

158

魔杖四
Four of Wands

　　造物界最大的奧妙之一，就是生命力竟能蘊藏在一顆小小的種子裡。我們在打理花園時，對土壤做的準備工作，就像在為孩子鋪一張柔軟的床。我們將種子埋在肥沃的土壤當中，然後給它一段時間醞釀發芽。很快，它就會成功長成一棵植物，破土而出、直向天際。種子的比喻適用在你我生活的各個方面：知識的種子、真理的種子、意識的孵育等等。

　　魔杖四這張牌指的是：種下新的智慧，並且重新建立直覺的根基。這片花園有四個角落，分別代表四季與四方。在古希臘時代，四個季節的符號分別由四個女人代表：夏天以穀物為冠；秋天帶著一籃水果、春天戴著美麗花圈、冬天則不穿戴任何飾物。這張牌卡中的四位仙女，代表著春天。那是播種的季節，也是即將迎來太陽和種子萌芽的季節。

　　在你的生活中，有新的想法正在醞釀成形。請為即將收穫的果實，在生活中做好準備。請種下你的創意，然後待它發芽茁壯。

Five of Wands
魔杖五

魔杖五
Five of Wands

　　羅馬女神芙蘿拉（Flora）是自然界中非常重要的人物。她代表所有會開花和繁茂生長的一切，每年五月一日五朔節（May Day）就是屬於她的節日。芙蘿拉擁有生殖與受精的神祕力量，也被稱為是花中之王。

　　煉金術士通常將五瓣花稱為「神聖子宮」，最完美和最美麗的一切都能從中誕生。在魔杖五這張牌卡中，芙蘿拉看起來就像個花仙子，她正對花開的季節表達禮讚，這也是大自然的交響樂中，重要的一個樂章。芙蘿拉正在呼喚你，擴展並展開心中沉睡的神性。你的陰性面（女性面）正豐潤地滋長著。現在正是適合作畫，或畫一個曼荼羅的最佳時機。把這樣的事情看成是在開展你的靈魂。請明白，現在你生活中的境遇並非苦難，而是一支舞，或是一個讓你能開展創意和直覺的禮物。有些改變即將到來。請專注地為自己建構出宇宙提供給你的自由。關鍵是讓「自己敞開。」

　　請想想這句美麗的諺語：「終有一天你會發現，緘緊的花苞，比綻放的花朵承擔了更多痛苦的可能。」

Six of Wands
魔杖六

魔杖六
Six of Wands

每到五朔節（May Day），大地都鋪滿綠色的外衣，空氣中飄散著美妙的花香。掌管這個季節的女神就是芙蘿拉（Flora），也叫做少女神（The Maiden）。傳統上，在五月一號的前一天晚上，各地會立起五朔花柱（Maypole）；到了節日當天，人們會跳五朔舞，以榮耀春天這個豐盛的季節。人們圍繞著用緞帶和花朵裝飾的五朔柱起舞，這支舞本身就是對人類神聖子宮的承認和肯定。五朔舞也被視為是對自然母親表達感謝之情。

像五朔舞、日本茶道、猶太人的光明節（Chanukah）與聖尼可拉斯節（Saint Nicholas）這樣的古老儀式，在現在的西方文化中已經不再受到重視。事實上，這些行禮如儀的習俗慣例，或是「神聖的時刻」，都能讓人們更加融為一體，並強化社群團體的融洽與團結。它們也能擴展全球意識與跨文化意識。

魔杖六這張牌卡中的少女仙子們，正唱著歌、跳著舞。這麼做不只是為了迎接春天的到來，也是為了迎接自己豐饒的創造力。她們正歡喜地慶祝，一個全新的意識頂點正在她們面前萌生。現在是時候展現你熱情的一面，明白你是不斷運行的生命循環中，相當重要的一部分。

Seven of Wands
魔杖七

魔杖七
Seven of Wands

這是一張療癒的牌卡。圖案中的小仙童掌管著花朵療癒的知識，祂知道如何以正確的方式用植物作為療癒之藥，來幫助人類的發展和意識覺知。花仙子與自然界之靈的振動頻率非常高，因此人們經常看不見祂們的影響和存在。祂們透過例如巴赫花精這樣的療癒介質，為人們獻上花朵的精華。巴赫花精是愛德華·巴赫醫生（Dr. Edward Bach）創造出來的一系列植物療方，巴赫醫生將一生奉獻在持續研究和修正花精的療癒體系。巴赫醫生曾經說，花精「就像美妙的音樂，或任何一種令人心情變好的事物，給予我們靈感，提升我們最真實的本性，讓我們貼近自己的靈魂，並透過以上，將我們帶入平靜、解除苦痛。」[3]

牌卡中七隻不同顏色的蝴蝶，代表人體身上的七個脈輪。脈輪來自古老譚崔的概念，相信人體當中有七個奧秘的「蓮花中心」（lotus centers），沿著脊柱座落在不同位置。透過冥想和深呼吸，我們能喚醒體內的昆達里尼（或說是生命力），並因此為身體、心智、靈魂都帶來健康。

你或許已準備好更進一步探索脈輪療癒、花精療法，或任何一種高頻身體調校方式，體驗它們能為你帶來的轉變。多去大自然裡走走，能帶來許多益處。在大自然裡，你將對守護並圍繞著整個地球的元素療癒師敞開。當你療癒了自己的身體，就能成為家人朋友與所愛的人身邊，閃閃發光的療癒師。

Eight of Wands
魔杖八

魔杖八
Eight of Wands

　　在風、火、水、土四個元素中，火元素是最輕盈的，因為它能在空氣中飄升。火能以各種不同的形狀與形式移動，它被使用在各種儀式或典禮，來強調轉化、淨化與靈性的覺醒。傳說中的火神與女火神是誕生在樹林裡，就像希臘英雄和女英雄是由樹林中的少女所生一樣。隨後，閃電和太陽注入並浸透火神與女火神。

　　魔杖八裡頭的八位仙子，正被點化進入象徵力量或蛻變的火之殿堂，從中獲得新生。祂們手中的魔杖，就在新的意識誕生的此刻，正被重新煉金轉化、重新注入能量。最終，真正被喚醒於祂們內在的，是這世界的光。

　　加入這些正用魔杖點起熊熊大火的仙子們吧！現在或許是適合你和某個團體重新相聚、重回家庭的時候，或者，你也適合與某種能幫助你跨越利己主義及超越個人力量的意識重新取得連結。你使用個人力量的方式，將對這世界帶來重大的改變。火可以摧毀，也可以療癒。成為一個帶著光的人，榮耀真實，並用寬宏慈悲的心看待同樣共享這個地球的人們。

Nine of Wands
魔杖九

魔杖九
Nine of Wands

生命中總有些時候，會有通往新意識的大門出現在我們面前。這些新的意識可能超出了我們現有的界限，或是超出我們所能抵抗。這些新的意識為我們帶來另外一種看待世界的角度，讓我們重新體驗到，或敞開來經歷我們內在智慧的神奇花園。我們將在那裡，學會或精通我們的能力與天賦。

我們在魔杖九牌面中看到的這位仙子，正準備打開花園的大門。大門的後方，滿是藥草、花朵和樹林，只等待她的到來。這些植物將會為她充電、為她帶來療癒。豐富的能量泉源就在她觸手可及之處。柵門上的蝴蝶代表她靈魂中準備好要蛻變的面向。她聽見了花園的呼喚，因此她開門偷看著。

抽到這張牌，意味著此刻你正在人生中探索通往內在心靈的祕密通道，或著你人生中重要的進化旅程，正走到一個循環的尾聲。在你內在，有一個豐富多彩、生機盎然的花園。你務必要去那裡看看。閉上眼睛，想像自己進入那色彩鮮豔、香氣襲人的內在心靈花園。

Ten of Wands
魔杖十

魔杖十
Ten of Wands

　　一旦決定跨越門檻進入內在的神奇花園，那通往新生的長征之旅也即將畫下句點。魔杖九畫中那個偷看花園的仙子，已經進入花園，並在魔杖十中體驗到重回靈性家園的感受。柵欄上色彩斑斕的九隻蝴蝶，現在已蛻變成一頂白色的蝴蝶之冠，成為仙子神性的光環，也是她的保護與指引。仙子手上握有一支神奇魔杖，魔杖頂端是一隻彩虹色的蝴蝶，象徵她已開始進入帶有更高意識的狀態。

　　在數字學中，9 代表完結，而 10 代表返老還童、興致昂揚。九隻白色的蝴蝶環繞在仙子的頭頂，而第十隻蝴蝶是她神奇魔杖的一部份。現在，仙子已準備好承擔起新的責任，透過運用直覺的技巧來服務：療癒、藝術、音樂、舞蹈和儀式。

　　當你一邊看著這張牌卡沉思或冥想，請明白你的頭頂也有光暈圍繞。你的氣場正被淨化，就像那些白色的蝴蝶一樣，你可以自由地探索那來自高我、生生不息的無限之圓。來到你面前的彩虹色蝴蝶就是一座橋梁，將你的服務道路連接到更大的社群、人群，以及在這宇宙間不斷進化的地球。

Child of Wands
魔杖孩子

魔杖孩子：小王子
Child of Wands：The Little Prince

　　微小而溫暖的禮物，通常能為我們的生活帶來深刻的不同：例如孩子從草地摘來的一束蒲公英，或是朋友從遙遠異鄉帶回的一顆特別寶石。 安東尼・聖修伯里（Antoine de Saint-Exupery）在《小王子》（The Little Prince）這部作品中，透過小王子這個角色，精彩動人地述說了這個事實。來自一顆迷你行星的小王子來到了地球，用最簡單的話語，顛覆了一個男人的人生，讓他透過成長，明白了愛的力量。故事最後，小王子將離開男人，回到自己的行星。他將這顆星星獻給男人，作為他的禮物。小王子說：

繁星屬於每一個人，但對每個人的意義都不一樣。星星為旅行者帶來迷途的指引，對其他人來說，卻不過是天上細小的光點；星星對學者來說，是難解的習題，對商人來說，卻意味著財富。然而，星星從來不發一語。你——只有你——會用專屬於你的方式，擁有這些星星……

我就在那兒，在那數之不盡的繁星當中。我將在那裡笑著，在那數之不盡的繁星當中。所以，當你在夜晚看向天空，就像所有的星星都在對你笑著……你——只有你——會擁有一片對你歡笑的星空。

小王子就是我們每個人內在的星星小孩。當我們讓自己對壯麗的星空、花朵和宇宙間的生命敞開，我們會在這些神聖的恩典及靈性保護面前感到謙卑。我們，同樣可以在夢裡、在觀想中去到遙遠的他方，我們可以造訪地球上風情萬種的異域，在世界的各個角落，遇見各種美好的人。

　　小王子這張牌，代表一個美好的禮物。一份甜蜜無比的愛，正出現在你的生活之中。爬上那代表個人轉化的蝴蝶翅膀，讓它帶著你向外翱翔，去到你想像世界中，那已明白什麼是愛的孩子面前。在月光下散散步，抬頭看天上閃亮的星星。你看到它們正在對你歡笑嗎？你能聽到它們孩子般的笑聲嗎？

Seeker of Wands
魔杖追尋者

魔杖追尋者：綠野仙蹤 ── 桃樂絲
Seeker of Wands：Dorothy

在彩虹彼端，那遙遠的高處，有一個我曾在搖籃曲中聽過的
地方……那是你能不費吹灰之力到達的地方，它相當遙遠、
相當遙遠，在月的盡頭，在雨的彼岸。

──《綠野仙蹤》（電影）

　　許多人都像綠野仙蹤的桃樂絲一樣，夢想要去到這樣的地方。
這個來自美國堪薩斯州的年輕女孩，被捲入龍捲風吹到他方；人們
都說，奧茲巫師可以讓她回到家鄉，於是她為了「見到那巫師，那
偉大的奧茲巫師」，踏上了一趟深刻的內在旅程。在這趟旅程中，
她遇見了一個好巫婆、壞巫婆、三個個性分明的獨特角色──膽小
獅、鐵皮人與稻草人──還有小矮人、棒棒糖小子和其他許多人。
最後，她透過北方好魔女的指引，成功回到家鄉。這個天使般的善
良魔女告訴桃樂絲，問題的答案就在心中。而後，桃樂絲說：「若
要再次尋回我的心之所願，我不會在我家後院之外（我之外）尋求。
因為，它若不在那裡（我之內），表示一開始就未曾擁有，也就從
未失去。」

　　當桃樂絲使用她的紅鞋魔法，一邊敲三下，一邊念著：「無處
可比我的家」（There's no place like home.），這其實是一個智慧的

象徵──因為腳，就相當於是內在意志、感受的靈魂力量與基礎。當我們在人生中尋求更高的真理，我們的想像力和冒險感會被激起，就像一場龍捲風大力撼動了桃樂絲生活的基礎。當我們展開靈性的旅程，或許會發現一路上一直有引導者和協助者，用愛為我們帶來充滿智慧的指引。在冒險的旅途中，我們都需要親愛的、忠誠的朋友相伴。桃樂絲和小狗托托之間相互滋養的關係，象徵一種相互奉獻、如家人般的親密連結，這樣的連結是冒險道路上的安全感基礎。然而有些時候，我們為了某些目標而汲汲尋覓，最後卻發現我們所尋找的，其實一直都在我們之內。但旅途的過程，依然是我們必須的經歷。

　　當你抽到桃樂絲這張牌，請跟隨你的命運之流，繼續探尋人生。發展更多的自信和靈性力量。或許你在此時，正探索或感覺到某些超乎尋常卻真實存在的情況。你的夢境可能色彩斑斕、意喻深遠、好玩有趣，或充滿冒險感。請把這些夜晚的經歷記錄下來。或許，現在也是你實際踏上旅程、出門旅行的合適時機。請對所有可能的目的地保持敞開。採取行動，讓你的預見成真。請別害怕會迷路，也別害怕犯錯。當你的冒險旅程來到尾聲，協助者和引導者會指引你找到回家的路。

Guide of Wands
魔杖指引者

魔杖指引者：魔笛手
Guide of Wands：The Pied Piper

　　當漢姆林（Hamelin）這個村子鼠滿為患，一個神祕的訪客翩然而至，人們稱他為魔笛手。魔笛手告訴村民，只要交付酬勞，他就能用笛聲把老鼠引到河裡淹死。全村的人興奮不已，村長也點頭答應。但當魔笛手成功完成任務後，村裡的人卻沒有履行承諾。魔笛手氣壞了，決定用笛聲魅惑村子裡的孩童，把孩子們帶到一個僻靜的山裡。然而，有個跛腳的孩子雖然努力想跟上其他人，卻沒有在門關上之前成功進去。

　　魔笛手這張牌的訊息是要告訴你，你永遠不知道生命中的繆思什麼時候會突然出現，又會在什麼時候離開。繆思就是存在於更高想像力之中的創意火苗。它可能很幽微、可能稍縱即逝，也可能讓你感覺奧妙難懂。這個跛腳的男孩代表的是一個人性面：我們被繆思觸動便勢必會、感受到它的真實，卻還無法找到具體顯化出那份力量的方式。從這個跛腳的少年，我們看到的是，一旦我們被繆思的魔法觸動，便勢必會去找到內心的那個繆思。跛腳的少年也象徵你我對神聖智慧獨一無二的表達方式，因為他和其他的孩子都不一樣。他是如此獨特不同，當我們榮耀自己內在的繆思，就相當於在榮耀自己與眾不同的特質。

　　老鼠象徵瀰漫在這座村莊，需要被淨化的負面集體意識——當

老鼠被引到河中，就能被河水淨化。村民不願支付承諾好的酬勞，因為村長（領導者）被物質價值困住了。他們不願正視繆思的價值，也就是忽視了創意技藝之力的價值。這樣的盲目自大，讓他們失去了村里的孩子，也就是未來的可造之才。

　　最終，村民明白了自己犯下的錯誤。他們把村裡的主要道路命名為「魔笛手路」，並且造了一扇彩色玻璃窗來紀念他。後來，一群吉普賽樂手來到這個村莊，許多老村民都認為，他們可能是村裡曾經遺失的孩子。孩子們也在長長的旅途中獲得了啟發。他們找到了自己的繆思——也就是魔笛手——然後重返家園，以將這份啟發帶給自己的父母。

　　當你抽到魔笛手這張牌，意味著現在是你跟隨內在指引的時候了。你該聽從你的聰明才智，以及具有發明精神的獨特思考方式。不要聽從外界領袖吹奏的催眠旋律，請傾聽你內在反覆輕輕響起的樂音。好好地玩，去跳舞、唱歌。讓你的藝術細胞活躍、綻放。對創意精神致敬，讓它帶領你在人生的路上前行。

Guardian of Wands
魔杖守護者

魔杖守護者：大天使拉斐爾
Guardian of Wands：Raphael

　　據說，在神秘又魔幻的靈性殿堂中，不朽的天使分為九個等級，這些天使圍繞著造物者，並為人類和自然界提供指引和保護。這些天使等級有著古老的名稱，分別是：熾天使（seraphim，或稱瑟拉芬、六翼天使）、智天使（cherubim，或稱基路伯）、座天使（thrones）、主天使（dominions）、力天使（virtues）、能天使（powers）、權天使（principalities）、大天使（archangels）和天使（angels）。而四位主要的大天使分別是：拉斐爾（Raphael）、麥可（Michael）、加百列（Gabriel）與烏瑞爾（Uriel）。

　　這張卡片上的大天使拉斐爾，是一位庇護天使。祂看顧所有人類，並且為在地球上受苦受難的靈魂，提供指引與照料。當你需要滋養和保護，拉斐爾旗下的一名守護天使就會來到你身邊。當你在人生的岔路上尋求神聖智慧的指引，拉斐爾超凡之身的一部分元素，便將充滿你的心靈。拉斐爾（Raphael）這個名字的意思是「神能療癒」（God heals），前兩個字「Ra」，令人想起埃及的太陽神拉（Ra）。據說，大天使拉斐爾「掌管」每一個星期天，透過各種連結心的冥想，人們能更加接近祂。幾世紀以來，藝術作品中的拉斐爾總是護送著一位年輕人和他的狗，令人聯想到魔杖追尋者中的桃樂絲與托托。

大天使拉斐爾也為所有在宗教和靈性朝聖旅程路上的人們提供庇護。因此，人們描繪的拉斐爾經常拿著一支長杖、穿著拖鞋。《內在小孩童話療癒卡》中的大天使拉斐爾，正用手為地球賜福，祂美麗的神奇魔杖是撫慰人心的綠色，也是祂巨大翅膀的一部分。拉斐爾掌管春天，當太陽經過占星學中火象的牡羊座（三月至四月），而同時位在太陽對側的地球，正行經天秤座和諧的頻率時，拉斐爾巨大的天賦能最大限度地展現出來。

　　當你抽到大天使拉斐爾這張牌，就表示你正被這帶著神聖療癒力量的存有照看著。請認知到你雙手中敏感的力量，它將使家人朋友重新恢復強壯。請為世界各地的人們祈福，將正面的念頭送進人們的意識與心靈中。想像愛的金色之流從太陽流入你的心輪，接著散放到你生命旅程的夥伴身上。帶著自信去旅行吧！多交點新的朋友。耕耘你的信仰，並且將你對眾生的慈愛之心表現出來吧。

真理寶劍
The Swords of Truth

　　寶劍牌與傳統塔羅牌中的風元素有強烈的連結。寶劍有兩種象徵意義，它既象徵小我在心智上的矛盾和持續不斷的掙扎困頓，也象徵破除幻象和虛假意識形態的能力。寶劍牌最終極的重要價值，在於幫助人們將真理視為一種過程或循環，而不是線性的、僵硬的投射，並且去榮耀這樣的真理。真理不會是片段破碎的，它始終是一個整體。寶劍讓我們有機會去檢視人心的許多面向，以及清晰覺察的可能性。

　　既然人的心智可以是積極且果敢的，這套牌卡便以騎士、城堡、龍和少女作為象徵元素。塔羅牌在不斷演進之後，其中的寶劍牌卡的圖象也開始出現掙扎、無力、悲傷和衝突等寓意。而《內在小孩童話療癒卡》中的寶劍牌，更著重於英勇和勇氣等特質。

　　寶劍是鋒利而強大的。它可以帶給人們保護，也可以帶來摧毀，或用來征服新的領土。心智也是以類似的方式被我們使用著。讓牌卡中的圖象為你帶來訊息，讓你看見你是如何使用自己的心智能力。你的心智念頭是為了阻撓你，還是改善你的生活呢？請用寶劍牌卡大膽地探索，去發掘那深藏在大腦意念和思考慣性底下的寶藏吧！

Ace of Swords
寶劍一

寶劍一
Ace of Swords

　　寶劍一描述的是少年亞瑟在新年伊始的比試中，將神奇的勝利之劍（Excalibur）從鐵砧裡拔出的景象。當亞瑟拔出這把劍，代表他成為大英帝國合法的王位繼承人，成為了亞瑟王。

　　從以前到現在，寶劍一直被視為是統治與力量的神聖象徵。然而，寶劍的含意遠遠不止於此。寶劍也意味著戰勝恐懼和自我懷疑的靈性意志（spiritual will）。它代表清晰意志的力量，這樣清晰的意念，能戰勝憂慮與猶豫不決的心魔。它也代表勢不可擋的直覺力，那是來自更高的心智品質，不是每個年輕人都懂得怎麼行使這樣的力量。神奇的直覺，能讓孩子不需要經過理性思考，就能直接「知道」一個真理、一種真實，或是目前的情況。當年輕人將神奇的寶劍從鐵砧中拔出並握在手中，就相當於在心智上獲得如虎添翼的力量。當年輕人握著寶劍走過自己的命運道途，最終他（她）將成為自己生命道路上的戰士。在這條蜿蜒崎嶇的路上，每個孩子都將學會字母、詞彙、語句和表達的藝術——因為人類的語言就是神聖真理之劍的延伸。最後，當孩子透過經驗累積熟悉了寶劍的使用，寶劍也可能變為他物——它可能成為一種樂器、智慧之杖、啟蒙的火炬，或是啟發靈感與智慧的鋼筆。

當你抽到寶劍一這張牌，請好好連接並運用你專注思考的力量。試著掌握你神聖的意志，用它來克服你的負面想法。請記得，宿命是讓你無法掌控的生命情境來掌控你，而「順應命運之流」則是看見並榮耀你累生累世攜帶而來的靈性傳承，明白自己是帶著清晰的目標來到這世界。當你把寶劍從石頭中拔起，就是在學著探索自己的心智力量。石頭代表對外界壓迫的抗拒。這張牌意味著新的思考方式即將出現，或是幻象將要消失。它也可能象徵開始一個運用心智思考力的計畫、著手撰寫一本書，或是一趟旅程的開啟。

Two of Swords
寶劍二

寶劍二
Two of Swords

　　擊劍與雙人對戰是一項熱門的體育活動，也是一種需要技術、平衡及優雅的藝術形式。劍士不僅動作必須簡單明快，還需要有足夠的洞察和警覺，才能了解向對手屈服的藝術。我們的心智也可能潛在地以這樣的方式在運作。然而，強調二元思考模式的現代文化，為人們帶來巨大的壓力。我們無可避免地會陷入猶豫不決與自我懷疑的情況，光是解決自己生命中的衝突，就可以算是大功一件。我們經常不願意屈從或臣服於眼前艱難的情況。

　　寶劍二這張牌讓我們看到，我們可以用體驗體育活動的方式，去經歷心智上的衝突。在這項運動中，平衡與整體性是最優先的考量。生活中的所有一切都可以分為相對的兩端：陰／陽、男／女、光明／黑暗、喜悅／憂傷。我們必須明瞭其中一端，才能學會那對立互補的另一端。牌卡圖案中交叉的兩支寶劍代表心智上的衝突，而背後閃閃發亮的太陽，則在提醒我們，在任何形式的二元對立身後，永遠有一個一體性在照看著。

　　或許，現在是你正需要為舊的問題作出新的決定或尋求答案的時機。請走向你的光與智慧，讓答案就像壯麗的日出一樣自然浮現出來。允許那些舊有的憂慮像惆悵的日落一樣深深沉入過往。當你讓自己輕輕地臣服於此時此刻，清晰就會到來。

Three of Swords
寶劍三

寶劍三
Three of Swords

在寶劍三的圖畫中，我們看到一個少女正把玩著由三把小劍做成的一個三角鐵。她正在思索關於和諧與專注的前景。一隻會唱歌的鳴鳥停駐在上方敞開的窗台，聆聽她敲奏出的樂音。這隻鳥就是自由的象徵。

在傳統塔羅牌中，寶劍三是一張帶著壓力與困惑的牌，通常意味即將失去摯愛。但其實，真正失去的愛，是對自己的自我之愛，因為心智失去了與心的連結。這時，真正需要的是讓心輪和頂輪重新找回連結，如此一來，思緒的交響樂才能從內在之心得到旋律悠揚的訊息。鳴鳥是捎來訊息的信使，幫助女孩從自我限制的念頭中解放出來。數字 3 象徵喜悅、和諧與溝通。三角形也意味著靈性上身、心、靈的三位一體。生而為人的女孩，正學著如何與人的這三個面向「玩在一起」，讓彼此互相融合。後方的城牆象徵的是一種帶來阻隔的心理結構，它使得世界上美麗的靈魂特質無法被真實表達出來。

請記得，意念是你的盟友。學著像演奏交響樂一樣，去吹奏你的念頭。恐懼是鼓，希望是小提琴，而勝利則是小號。找到心中純真的喜悅，別讓反覆出現的自我懷疑打亂了和諧的旋律。你每天使用的語言，可以像莫札特雋永的協奏曲一樣壯麗美妙。從實際的面向來看，這張牌也可能意味著將音樂帶入你的生活當中。彈奏樂器，或是聽聽喜歡的音樂吧！聲音本身就有療癒的魔力——它能撫慰你的心、安定你的情緒，還能放鬆你的身體。

Four of Swords
寶劍四

寶劍四
Four of Swords

　　年輕時的我們，對於生活中突如其來的改變，或是新的生活方向，總是特別能用開放的心面對。個體會在關鍵的發展階段，開始用更有意義的方式去建構自己的想法。寶劍四這張牌中，內在的真實（溪流）和想要更加了解自由的渴望（木筏），從深水（過去）中浮現，伴隨著垂釣的寶劍或漁線。木筏也意味著一種新構建的心念，這心念是來自尚未完全成形，正在萌芽的意識。更高層級的知識尚在遠方，目前只能看見一部分。在這張牌中，自由與形式優雅地攜手併行，從圖案中可以看見白鴿正帶領男孩在旅途中前行。

　　釣魚通常是一種令人放鬆的活動，尤其是在小溪中乘著木筏漂流前行。當你試著從無意識的領域中尋找記憶中的景象，以構建自己的未來，請試著在生活中複製這張牌卡中河流寧靜的韻律。不需要趕促自己。把自己想成漁夫，去深化你的知識，將漁線放入未知的生命之流，然後期許自己釣上大魚。無論什麼年紀，都可以達到這種心智的成熟度。當我們從內在感受到一股想建立新的覺知基礎的衝動，這樣的成熟度就會到來。

　　這張牌也意味著：一段休息的時間，或是更寧靜的氛圍，可以幫助你改善目前生活的品質。當你開始進行深度的轉變，當新的旅程再度起始，請記得保有內在的平靜。

Five of Swords
寶劍 五

寶劍五
Five of Swords

在寶劍五這張牌中，我們可以看到，寶劍四的木筏找到了停靠的地方，而原本在水中垂釣的漁線或寶劍，現在也牢牢地插在沙地裡。男孩將木筏放在一旁，開始探索眼前各式各樣未被揭露的真實。從數字學的角度來看，數字 5 和自由、冒險與生命道路上出乎意料的改變有關。岸上的海豹是先前未被發現的生命力，現在牠們正展露頭角，來到了男孩面前。男孩冒出許多新的想法，他的意識時時如新。最令人興奮的，是看到清明的意識已耀眼地浮現，就像男孩身後天空中，那璀璨的太陽。

當你乘著過去的木筏向前探險，請明白，真理和自由都在前方等待著你。自由若被誤用，將令人疑惑、造成混亂。當你收集身邊的資源與資訊，請務必思考周全、明辨是非。請清楚知道你的界線在哪裡——這是木筏教會我們的。釐清你的目標。男孩現在還在濕滑的石頭上，他必須小心地移動，才能確保不會跌跤。請期許自己從內在深處得到帶來啟發的洞見。現在是適合發揮創意、訂定目標的時候。最重要的是，集中你的注意力，聚焦在你的念頭上。

Six of Swords
六劍寶

寶劍六
Six of Swords

　　圖案中那戲劇化的致敬動作，是在為找到了團結合一與成功的積極精神力量喝采。每一個孩子手中都有一個聖杯和一把劍，聖杯代表心的力量，而劍是心智的力量。我們已到達終點，新的清晰意識已被找到。我們有專注的目標，也有團結合一的願景；我們有責任感、忠誠的心與不變的友誼。當意識來到這頂尖的層級，個人與群體的理想便融為一體。擁有這樣合一的結盟關係，就能共同完成服務這個地球的使命。在圖中，寶劍象徵的高等心智被光注入，心智是璀璨的，成功近在眼前。

　　這張牌意味著你已達到顛峰。你的心智充滿遠見與靈感，並且，它就像溫暖的陽光一樣，將負面思考和恐懼的水蒸發殆盡。致敬！挺起身子，閉上眼睛，讓太陽之火的光芒，成為你智慧的精華。神聖的金光正包圍著你，為你提供保護。現在就是你用清晰的遠見，去服務全人類的時候。

Seven of Swords
寶劍七

寶劍七
Seven of Swords

在這張牌卡中，我們看到一位年輕的學者，正著手打算解開神聖知識之謎。這意味著一段沉思的時期即將開始。孩子望向窗外平靜的景色，遠方的一艘船正在啟航。這個景象具有象徵的意義，反映出擴展在孩子眼前的視野。孩子手中的筆，是寶劍的形狀。這把寶劍，幫助他寫下在獨處中浮現的真理與清晰洞見。男孩面前的書本，集結了古老的教誨。而卷軸作為神祕學中的象徵符號，在此則意味著時間。卷軸已展開的部分是現在，而紙的兩端則意味著被遮蔽的過去，以及未知的將來。寶劍七這幅圖裡面的符號，代表學習、啟蒙與溝通。

現在，或許是你開始一項新的研究或學習的時候，也或者你可以重新點燃曾經對某個計畫或研究領域的熱愛。這是一段適合安靜、反思的時光。你的內在指引正在運作。現在特別適合進行閱讀、寫作或探索想像力等活動。請珍惜並看重自己獨處的時間。或許你會想更加了解靜心、沉思或觀想的技巧。但最重要的是，請在內在找到一個平靜的空間。

Eight of Swords
寶劍八

寶劍八
Eight of Swords

寶劍八裡的孩子，正走在一個洞穴或迷宮當中。這意味著，他們正在自己的靈魂旅程中，朝著未知前進。所謂的迷宮，通常意味著在達到最終目的地之前，必須走過蜿蜒轉折的路。在最初，通常都會經歷這樣的階段。當我們開始進入深度的轉化，通常會被引導進入內心深處的隱密之境，或許是為了解決業力模式，也可能是為了處理潛意識的恐懼。東方的神祕學家說，真正的自我就住在心的洞穴中。我們必須去到那裡，去尋回我們的智慧。

圖畫裡的蜘蛛代表不可思議的蛛網，這是蜘蛛自己來回往返織出的網。我們的心智也正像這樣。我們一直不斷在形塑並重新創造自己的意念。而蜷成 8 的形狀（代表無限的符號）的蛇，則是我們內在的靈通力與生命力。蛇讓我們想起古人說的昆達里尼，那是一股沿著脊椎上下竄動的能量，也像一條熾熱的龍，盤踞在我們的海底輪。如果想要成功回應生命中對轉變與成熟的召喚，就必須擁有在各種生命情境中重新適應的能力。

或許現在的你，會感覺到這是生命中一段嘗試的時間。請將憂慮擺到一旁，因為你正踏上的是一趟神聖的旅程。只要你勇於面對恐懼的偽裝面孔，你會發現，恐懼都是能被克服的。或許你還不夠看重這個起始的時刻。要榮耀這個時刻，去照亮目前在生活中阻礙著你的、來自內心深處的恐懼，然後準備好去面對它們所代表的重要含意。現在是你清理內在靈性空間的特別時刻。隧道盡頭，終會有光亮。

Nine of Swords
寶劍九

寶劍九
Nine of Swords

　　草地上的孩子被九支寶劍圍繞著。從象徵意義來看，這表示孩子無法跨越這些自己創造、限制住自己的心智結構（寶劍），無法看到那外頭的景物。除此之外，一條古怪的龍也環繞著他，這條龍是他尚未認出的盟友，還以為牠是自己的敵人。一旦孩子準備好抬起頭看看這條龍，他就會知道，這個猛獸是他自己尚未完全整合的一個強大面向。

　　數字 9 代表完整。也就是說，舊的念頭已準備好消散。終有一天，當孩子準備好敞開自己，帶著愛讓龍進入他的心，這些寶劍就會一支一支倒下來。不過，我們仍然必須對這些寶劍心存敬意，因為有它們，男孩才得以免於承受痛苦，也不需要去吸收自己還沒準備好吸收的智慧。中國的道家敬畏龍，認為龍是示現「道路」之靈的象徵。

　　請在內在尋找那條想像中的龍，讓牠指引你用轉化過的眼界，去達到你未來的目標。請意識到，那些限制性的想法或僵化的觀念，是如何將你層層武裝起來。請讓這困住你的圈子走向完結，你需要做的，只是讓自己帶著愛輕輕敞開，為你的人生拓展更寬廣的視野。

Ten of Swords
寶劍十

寶劍十
Ten of Swords

　　成功和自由已瀰漫在空氣之中。孩子已長成騎士，並接受了他的內在力量。在寶劍九，龍將男孩圈住，因為孩子無法跨越自身的恐懼去看見更多。而在寶劍十這張牌中，龍則被男孩的寶劍圈圈在內，象徵男孩已整合了克服恐懼與壓迫所需要的力量和勇氣。當他把第十支劍插入土地，圍著龍的劍便成為完整的一個圈。這意味著他已達到心智、靈性與物質的合一境界。

　　現在，你可以自由地探索，為你的意識覺知開啟一個全新的循環。你已經付出很多努力，試著克服心智的阻礙與種種張力。現在你更清楚知道，要除去腦中負面的想法需要什麼樣的勇氣，因為你已面對了自己內在的那條龍。生命的循環仍在繼續，現在你已準備好進入新一階段的冒險。若是將來出現危機，你也知道該怎麼做。請運用過去累積的經驗與智慧，並記得時時刻刻滋養你自己。心智的力量是非常強大的，你必須用善良和愛的想法注入其中。

Child of Swords
寶劍孩子

寶劍孩子：木偶奇遇記 ── 皮諾丘
Child of Swords：Pinocchio

　　文學評論家梅·蘭伯頓·貝克（May Lamberton Becker）在為《木偶奇遇記》寫的序言當中，引用了哲學家克羅齊（Benedetto Croce）的一句話。他說：「刻出皮諾丘的那塊木頭，就是人性本身。」這句話提醒了我們，所有人在努力實現偉大夢想的過程中，都有可能會犯錯。孩子都喜歡皮諾丘，因為皮諾丘就像他們一樣。

　　故事是這樣的。傑佩托是一個刻著木偶的貧窮木匠，有天早上，他發現自己刻的一個木偶竟然會說話。這個木偶是一個魯莽又自私的小男孩，只要說了謊，鼻子就會變長。隨著故事進展，皮諾丘也學習了一門又一門關於真實和正直的課。他想去學校學習，但又被誘導要「跟隨音樂走」──也就是跟著自己的繆思──因此，他遠離了接受教育的道路。最終，皮諾丘在這世界上經歷到各種不幸的災難，最後終於學會無私的愛與為人奉獻的美德。

　　皮諾丘學到的課題，正是我們每個人在逐漸成熟的路上要學會的課題。年輕的孩子會禁不住想說謊或偷竊，來讓自己從日常生活的難題中開脫。皮諾丘的心智尚未發展完全，他還不完全明白真實與榮譽的重要性，也還不需要在生活的鏡子中面對他自己。

　　當我們開始要擺脫某些年輕的無知時，就有可能會抽到皮諾丘這張牌。這時，我們已不再是被慾望與貪婪之繩操控的木偶，而是

期望以更成熟的觀點看待人生的人類。當皮諾丘為了製造者傑佩托的愛與療癒，而甘於犧牲自己的慾望，他想真正成為一個人類的心願，也就此成真。

當你抽到寶劍孩子這張牌，請更深入看看，目前在你的生活中，「真實」展現出什麼樣的力量？你有多麼誠實呢？清晰地切斷那些長久以來的說謊、欺騙與自我蒙蔽吧！仔細看看鏡子裡的自己，看清楚自己的面貌與五官。學著使用靈性意志力和寶劍代表的心智約束力，好好地在自己的命運道途上前行吧！

Seeker of Swords
寶劍追尋者

寶劍追尋者：綠野仙蹤 ── 稻草人
Seeker of Swords ：The Scarecrow

　　木偶奇遇記的皮諾丘，和綠野仙蹤裡面的稻草人，都不完全是真正的人類。他們都為了發展自行思考的能力，而付出過許多努力。稻草人（scarecrow）在介紹他自己的時候，他一點頭緒也沒有，只說：「我連一隻烏鴉（crow）也嚇（scare）不走。」後來，當稻草人走上黃磚路，他變得更機智也聰明了。似乎是這一路的旅程或任務教育了稻草人，也帶出了他內在的知識。在稻草人遇見巫師的那一刻，他才意識到他的聰明才智已經完全顯現出來。當桃樂絲準備好回家，她看著親愛的稻草人，說：「稻草人，我會最想念你！」這意味著聰智與清晰的思考，是高貴而重要的。

　　在寶劍追尋者這張牌中，圖案裡的兩把劍表示缺乏目標、內心衝突與二元思考等狀態，最終都會回歸和諧。向日葵象徵著實現個人命運的潛力，帶著謙卑之心奮起昂揚，也在賜與萬物生命的太陽之光面前低頭頂禮。圖案中的稻草人被畫成一株巨大的向日葵，他正試著要耕耘自己的意志力，以及清晰的思考能力，當他沿著黃磚路學習自己的生命課題，這就是他最終將收穫的禮物。

　　稻草人內在有一種天真爛漫、純真無邪的特質。他無憂無慮和隨意行動的個性，讓人想起愚人牌或宮廷中的小丑，直到他憶起自己的人生使命：戰勝壞魔女，幫助桃樂絲完成她的任務。直到這時，

他已準備好運用他的心智能力，去服務更廣大的世界。他不再是只想著自己，而是願意為他的夥伴貢獻一己之力。至此，稻草人的腦袋從個人啟蒙的種子，長成了神聖的慈悲之花。

當你抽到稻草人這張牌，請對自己的心智能力更有自信一些。如有必要，就擴充你的詞彙，閱讀字典、學習新的語言，或看經典名著。做些正向的事情，來豐富你的智能宇宙。別遲疑不前，也不要猶豫不決。金光閃耀的機會，永遠屬於有遠見、有智慧的人。

Guide of Swords
寶劍指引者

寶劍指引者：羅賓漢
Guide of Swords：Robin Hood

　　羅賓漢和被他稱為快活漢（merry men）的一幫好兄弟們，生活在十二世紀的英國。他們是住在雪伍德森林裡的一群法外之徒，也是當地薩克遜人眼中的英雄。這幫好漢專門劫富濟貧，從富裕的諾爾曼地主手中竊來財富，分給辛勤耕種的窮苦農夫。事實上，真正的羅賓漢在當時是首屈一指的傳奇弓箭手與劍客。羅賓漢和小約翰（Little John）、威爾・史考利（Will Scarlet）、塔克修士（Friar Tuck）、亞蘭・阿戴爾（Alan-a-Dale），甚至是獅心王理查一世（King Richard the Lion-Hearted），成為共同冒險的一幫好漢，讓世界各地的年輕人們激動不已。這幫快活好漢的經驗，讓我們想到亞瑟王與圓桌武士那段神奇的日子，也讓我們連想到耶穌和十二門徒的故事。

　　在那個執政腐敗、充滿政治詭計陰謀的時代裡，羅賓漢和他的好兄弟們，成了正義、人道服務與善意的化身。寶劍指引者這張牌，代表對自己的人民或群體抱持的理解、聰智和愛，現在已真正融合在一起。在皮諾丘那張牌中，還只看到這樣的可能性，在稻草人中，看到的是一部分的實現，而在羅賓漢這張牌中，那已成為一種生活的方式。

　　羅賓漢對梅德・瑪麗安（Maid Marian）的愛，體現出寶劍另

一層面的意涵：在臣服並頌揚自然法則所帶來的祝福之下，完成實際的聯姻與靈性的合一。在羅賓漢出現三百多年後，法國出現了另一位寶劍指引者。她帶領整個國家脫離奴隸制，迎向大天使麥可的光。這位寶劍指引者，就是聖女貞德。

牌卡中的羅賓漢露出了他配在身側的真實之劍，以及在身後箭袋裡，那代表更高意識和目標導向的箭。他剛成功從幾個貴族手中偷到金子，而那些金子本來就是富人透過嚴稅和過度的奴役，從窮人手中剝奪的財富。

當你抽到羅賓漢這張牌，請專心致志跟上他的腳步。牢牢抓住你生命道路上的主動權與新計畫。幫助需要的人，對窮人慷慨些。向他人傳授正義、公平、平等與榮譽的價值。去森林裡走走，學著和大自然和諧共處。記得那句古諺：「真相會讓你自由。」（Truth will set you free.）

※ 寶劍指引者：羅賓漢

Guardian of Swords
寶劍守護者

寶劍守護者：大天使麥可
Guardian of Swords：*Michael*

　　大天使麥可一直被視為是耶穌軍團的一員，也是天界的指揮官。我們幾乎可以肯定，大天使麥可就是約書亞在耶利哥之戰爆發前夕，來到他面前那位「持劍的天使」；當時號角聲已響起，城牆開始崩塌，太陽依舊照耀著。《啟示錄》中提到，大天使麥可用祂燃燒的長劍，領著成千上萬的天使，在末日般的戰役中，與代表撒旦、墮落天使和惡魔的遠古之龍大戰。大天使麥可是靈性力量與意志力在天庭的化身。當你需要保護自己，為自己免除負面想法和疑惑的侵擾時，向麥可底下的天使祈禱，就能讓你感覺好一些。當你面臨人生重大決定，需要請求更多勇氣支持時，麥可強大的光芒將為你點亮真理之路，引導你步上道途。

　　事實上，麥可這個名字的意思是「如神一般」（who is like God）。麥可是掌管羅馬天主教會的大天使。雖然麥可一直以來為成千上萬的士兵、騎士與戰士帶來神聖的力量，但祂卻不負責處理人類在自由意志驅使下，在戰爭或衝突當中做出的惡行或過份的殺戮。神有驚人的創造力和將事物顯化於地球的能力，麥可能將這些力量注入人們。當太陽行經天秤座，就是麥可力量最強大的時候（也就是在九月到十月之間），這時，位在太陽對側的地球，正行經火象的牡羊座。

在這張牌卡中，我們看到身穿盔甲的麥可高高地位在地球上方。麥可對人類有深厚的友誼，將真理之劍、清晰的心智和善意帶給我們。這張卡片同時也讓我們想起耶穌赴難路（Way of the Cross），或說是我們的苦難之路——那是累生累世以來我們為了朋友和夥伴，必須承擔的痛苦和磨難。卡片上的紅色玫瑰，代表最終將綻放開來的人道博愛之情，以及這顆星球上，誓願永遠效忠於基督普世之愛的戰士，彼此之間奧秘的同袍情誼。

當大天使麥可這張牌出現在你面前，表示你或許正因為生活的困境而疲憊不堪。重新點燃你的熱情，盡可能真實地去生活吧！誠實與正直的聖靈，正在你的上方看顧著你。記得嗎，耶穌在被釘上十字架的前一刻，在客西馬尼園（Garden of Gethsemane）曾留下短短的一句話：「從祢願而非我願。」（Not my will, but thy will be done.）經過多次的沉思，你將重新拾回對更高力量的信念和信仰。帶著謙卑、自信、善良的心與高貴的意圖，去走你的人生道路吧！

飛翔之心
The Winged Hearts

　　《內在小孩童話療癒卡》中的飛翔之心牌組，在傳統塔羅牌中是代表水元素的聖杯牌組。這套牌組象徵心的陰性、接納的面向，包含了我們的感受、情緒、夢境和愛的本質。它們和月亮陰晴圓缺的奧秘循環，有著同步的韻律。

　　飛翔之心是一個神聖的符號，象徵無條件的愛所帶來的自由。援用伊斯蘭教精華的蘇菲派教徒（Sufis），用這個符號作為愛與臣服的象徵。

　　這副牌組的圖畫裡，有美人魚、男人魚，以及海底世界的各式景物。它們象徵著潛藏在人們每日生活意識表層底下，那股無意識的力量。他們也代表夢想世界裡不為人知的奇幻魔法，那是我們發揮創意想像的重要部分。據說，美人魚出沒在泉水、河流和海洋裡，守護著海底宮殿的寶藏。她們是守護並保護愛的使者。她們來到世間是為了帶來療癒與滋養。她們召喚我們去尋找深藏在心中無數豐富的寶藏。了解這套牌組的關鍵，就在於對更高層次的人類與神性之愛保持敞開。

Ace of Hearts
心之一

心之一
Ace of Hearts

真正的愛的精華別無其他，就是信心（faith）──那是當你和所愛的人合而為一之後，油然而生的、難以言喻的一種極大的尊重。這個愛人可以是內在的自己，也可能是其他人。愛最根本的意義，是認知到你對另一個人完全的關心。要表達這份對他人的共感之情，我們必須確保自我之愛已在自己的心中。

在心之一這張牌中，我們看到兩隻美人魚正歡快地從海裡把一顆飛翔之心往上推。這顆飛翔之心，就像激勵人心的日出一樣，正觸碰到天空中的金光。這顆心呈現的是最高等級的愛的接納，因為心是航行於生活中的船，並帶著一雙象徵靈性自由的翅膀。

所有牌組中的一號牌，都是積極正面的。心之一的出現，表示一份嶄新的愛的機會正從過去（也就是海洋）升起。這份新的愛可能是對一個人、一個想法、一個夢想的實現，或是一份新的創造力。請對這張牌卡敞開你的心，迎接它要告訴你的所有訊息。因為，它掌握著探索更高的、普世的愛的關鍵。對愛保持信心，它能在危機時刻讓你獲得安慰。愛就像是一個永恆不滅的火焰，那穩定的光亮，永遠能帶領你走過黑暗的時刻。愛一直都在，愛永遠不會將你拋下。

Two of Hearts
心之二

心之二
Two of Hearts

　　心之二用圖案中的男人魚和美人魚，表達關於「感覺」的神聖結合與吸引力。一道彩虹將男人魚和女人魚連結在一起，使兩人獲得平衡。兩隻海豚代表著宇宙的才智，牠們正帶著喜悅一齊躍過彩虹。在神話故事裡，海豚因為成功撮合海洋女神安菲特里忒（Amphitrite）與海神波塞頓（Poseidon），被放入星空成為海豚座（Delphinius）。心之二可能代表兩個相愛的人，也可能是一個人試圖整合、獲得完整的兩個面向。因此，無論是哪一種形式的婚姻、聯合、聯姻，都是與這張卡片有關的主題。

　　唯有從這樣神聖相連的位置，大相逕庭的兩性之間，才能獲得平衡與整合。所有牌卡中的二號牌，都在吸引一種二元調和的可能。或許你現在正和另一個人共享你的心，一個你心中深愛的伴侶。這個靈性的夥伴可能是一個實際上的愛人、一個朋友，或是一個更高的覺醒狀態。當你透過冥想，去連結這張牌卡更深的含意，請記得，你的心本身就可以是一座色彩豐富、充滿光亮的彩虹橋，為你連結內在神聖小孩的源頭，幫助你療癒深愛的人心中歷時已久的傷痛。

Three of Hearts
心之三

心之三
Three of Hearts

敬拜古代女神的人說，這世界是從深海神秘的韻律和深水魔幻的舞動中創造出來的。東方的神秘學家則認為，你我心中都住著一個真正的自我，那是一種恆久舞動的神性。這份心與高我之間的連結，是不斷進化的生命之流，也是維持和諧生活的一個重要面向。

在心之三這張牌卡中，歡聲笑語的泡泡正從開心的蚌殼浮上水中，藏寶箱裡面有豐富的寶物和珠寶，但那箱子尚未被打開，靜靜地座落在海底。兩隻海洋生物正因奇妙的樂音而歡欣不已，樂音來自由貝殼做成的豎琴。第三種海洋生物——美人魚，正彈奏著它。在譚崔（密宗）傳承體系中，節奏代表樂音的力量，或是至極真實的神的心跳。當我們潛入深深的意識裡，就能察覺到這個節奏。心之三是一個歡慶的召喚，在你內在激起玩心、想像力和永恆的友誼。

當你找到在你心中那個小小的孩子，請允許你的感受像水中的泡泡一樣浮起。讓這個孩子知道他是多麼被珍惜、被愛著。敬重你和孩子共享的親密之舞。或許你會流下開心的眼淚。這張牌也可能象徵慶祝或派對。數字 3 代表與家人朋友齊聚一堂。

Four of Hearts
心之四

心之四
Four of Hearts

　　下沉的寶藏、失去的希望、破碎的心和悲傷的道別，都是一個人在生命旅程中可能遭遇的情緒面向。雖然這些時刻總是令人痛苦，但其中總有不斷變幻的希望潮汐存在著。一顆破碎的心，也是一顆打開的心。當我們願意讓內心深處的情感流動，另一頭總會有愛的禮物等著我們。悲傷會帶來喜悅的潮汐。這就是愛既苦又甜的一面。

　　卡片中那溫和的美人魚失去了希望。她在暴風中引領的小船已傾覆，而她的飛翔之心項鍊也壞了。很快她就會抬起頭來，看見她的三個朋友正駕著海豚來拯救她。看似失去的將重新尋得，只要她在自己身上，或在生活中重新建立起（或找到）新的信任基礎和希望。

　　通常，我們很容易處在見樹不見林的狀態。近在眼前的寶藏，得要我們有能力去發現才能找到。心之四很可能是在描述你的某種情緒狀態。請允許自己花時間去感覺這些情緒。敬重這內省的過程。當你能保有信心和希望，就會有新的啟示溫柔地來到你身邊，修復你受傷的心。和你的感受同在，是在生命道路上非常關鍵的一步。

Five of Hearts
心之五

心之五
Five of Hearts

　　通常，當我們經歷人生的暗夜時刻，會需要一段反思和休息的時間。心之五這張牌，就是以海龜、平靜的海水和一彎新月，來代表這樣的一段時間。過了這段時間，神奇的事就可能發生。心之四那悲傷無助的美人魚，在心之五打開了藏寶箱，並且得到了一個特別的飛翔之心。她看著紅心中間的那顆金色五角星，這是一個象徵著起始的星星符號，反映她在天上的指引之星。五角星是所有奧秘符號中，最受人們尊崇的一個。傳統上，五角星代表人類的完美。五角星可以是一種靈性的守護，和數字 5 在神祕學中的重要性也有所連結。數字 5 的主要特質，就是改變。在這張牌卡中，美人魚正見證著心的改變：她正在療癒過往的傷痛。

　　當生活出現改變，尤其是情緒和情感上的轉變，你可能會感到茫然失措，覺得自己很脆弱。現在出現在你生活中的改變，正接受封存在你心上那顆金色星星的指引和守護。這顆星星就是你的高我。當你有足夠的休息，你的創造力就能跟上這一波波間歇起伏的混亂狀態。別被憂鬱打敗了。無論是人與人之間的愛和神性之愛，都將再次在你生命中重生。

Six of Hearts
心之六

心之六
Six of Hearts

　　自古以來，人們就相信鸛鳥是新生命即將降臨的徵兆。鸛鳥經常出現在池塘和沼澤邊，因此，人們相信這些地方是尚未出生的孩子棲息等待之處，他們在那裡尋找新的母親或新的生活。因此，人們認為鸛鳥就是所謂的送子鳥。

　　在心之六這張卡片裡，神聖的事件正在發生。五隻美人魚正聚集在一起，從海洋浮出。第六隻美人魚坐在鸛鳥背上飛翔，從天空遞出一條靈性的生命線。海面上五隻激昂興奮的美人魚代表潛意識，她們從海底浮上表面，接觸到空氣和陽光，這意味著更高程度的揭露。當她們觸碰到彼此、更靠近天空，便會感到歡欣喜悅。轉變正在發生。彷彿情緒都浮上表面，正在被釋放。

　　想像海洋使你流淚，而太陽正將你的眼淚擦乾。這是一份內在的療癒，是一份你值得擁有的療癒。數字 6 意味著支持、奉獻、責任與合一，也代表平衡情緒生活的必要性。現在的你，或許適合去進行和家人有關的療癒，或是去解決和所愛之人的衝突。你和朋友或社群之間，可能正要出現深刻的、直通心底的連結。

Seven of Hearts
心之七

心之七
Seven of Hearts

7 是一個奧秘的數字，它代表願景、夢想，也代表沉思。它和人體七大脈輪、彩虹的七個顏色、中東的智慧七柱、昴宿星的七姐妹星團，以及大熊星座中的北斗七星都有關係。在心之七這張卡片中，一隻美人魚正坐在放有七顆飛翔之心的拱門下靜心冥想，那是一個沉沒的亞特蘭提斯神殿。她身上配戴著一個七角星，象徵帶來保護與指引的靈性之光。也可以說，她正凝望著星星。

當你透過靜心思考著宇宙的真理和秘密，你將能跨越時間和空間，去擴展你的意識。到這時候，你通常會意識到豐沛的神性充滿在你心中，你也會需要更高程度的專注和清晰。現在，或許是你收束精力，專心讓自己在靈性上沉澱在「現時現地」的時候了。

讓這些看不見的資源發揮力量，使你重新認識自己；透過內在的需求，去平衡你外顯的慾望。花點時間獨處，滋養你的靈魂。創造一個自己的小世界或避難所，讓外界的紛擾無法侵入其中。在這些專注於心的時刻，甜蜜的訊息就可能來臨。

Eight of Hearts
心之八

心之八
Eight of Hearts

　　無限符號代表完整。它是由代表太陽的右半邊，和代表月亮的左半邊共同構成，意味著合一或兩性之間的平衡。本質上，它代表著合二為一。古代神秘學家認為這個符號是雙生男神或雙生女神的代表。這樣的雙生之神，被人們讚頌為魔術師、療癒師和祝生的天使。

　　在心之八這張卡片中，一對雙生的水之精靈，正藉由代表力量和改變、能帶來深度轉化的兩個圓圈結合為一。雖然他們吹奏著平和的樂音，兩人身後的潮湧卻隨著那帶有力量和力度的韻律在起伏。在圖案中，以八個八分音符狀的飛翔之心作為代表。

　　這樣兩股相對之力的融和，就是理解個人轉化的關鍵。數字 8 本身就是一個無限符號，它代表熱情、性、力量與再生。請認知到，在你之內同時有著陰性與陽性的能量。如果我們每一個人都懂得以建設性的方式，去運用屬於自己的性別天賦和力量，那麼我們就能一起創造出一個更安全、更少傷害的世界。心之八這張牌，邀請你在自己的感覺世界中，找到靈性與情緒的平衡點。當你能把你對自己力量的理解，和宇宙的生命之流整合在一起，就會發生深刻的改變。內在的和諧將引領你去到神聖至喜之境，並實現你做為一個天生療癒師的潛能。

Nine of Hearts
心之九

心之九
Nine of Hearts

　　我們可以用一座井、一個容器，或是一個鍋子，來盛裝儀式、祝福、淨化和療癒時使用的神聖之水。水是萬物維持生命的必須。一杯水是半杯滿，還是半杯空？端看你在當下是以什麼樣的角度看待生命。而這個問題，就是這張牌要帶給你的提問。

　　除了提出這個問題之外，這張牌還會應允你一個願望。在傳統塔羅牌中，心之九對應的聖杯九，通常被認為是一張「心想事成」牌。你的願望會反映出你認為自己目前在生命中值得擁有的事物、你的心之所向，以及你有多愛自己。從願望能看出，你對自我實現的追求到了什麼程度。你能接受自己過著享福的人生嗎？這個問題並不容易回答，而我們也都應該更多關注這個部分。有時候，你必須先療癒來自過去的傷痛，才能長出你希望實現的模樣。原諒自己、原諒他人，能讓你朝更大的自我實現再接近一些。

　　在心之九這張牌中，美人魚正抱著盛水的容器，接引瀑布流下的水。她不只能接受自己目前的生活，也準備好讓這滿溢的一切流洩出去。在生命之泉面前高舉你的容器吧，勇於讓它完全被傾注倒滿。想像可能有無限的愛、喜悅和智慧正被注入你的心。這或許是你開啟靈性道路的起點，或者是一段淨化過程的開端。請相信奇蹟，跟隨夢想。

Ten of Hearts
心之十

心之十
Ten of Hearts

　　到了某個時候，你會找到汲汲追尋的寶藏，或者你能感受到象徵希望的七色彩虹就在你心中。這是值得感恩的一刻，也可能是改變即將到來的過渡期。你可以對這些年來一直引導你、保護你，那充滿光的天使們，衷心地說句：「謝謝祢！」

　　在心之十這張卡片中，九個飛翔之心共同點亮了歡快的美人魚的氣場。第十個飛翔之心則出現在她的額頭，象徵她的第三眼或眉心輪（ajna center）正被打開。她已被喚醒，能感受到對全人類的愛與奉獻之心。飛翔之心牌組中的第十張牌，代表一種強大的轉化，以及隨之而來不可避免地，一種情感上的新生。

　　你的願望和夢想可能已經成真，或目前你可能正試著達到一個重要的目標。當你試圖讓水注滿你的容器，勢必得承擔起某種特別的責任，因為此時是你將個人成就傾注回到人類整體的時候了。這份意志將讓你對代表普世之愛與神聖療癒的靈性之泉敞開。你可能會把這些美麗的禮物贈與你的家人，或是贈與更大的社群，乃至整個世界。將你的雙臂高舉向天，讓一波波激昂的極致喜悅充滿你的心。

Child of Hearts
心之孩子

心之孩子：金髮姑娘
Child of Hearts ： Goldilocks

安全感和避風港是我們每個人永恆的追求，但在追求過程中，我們也經常會好奇：其他人是怎樣用心過生活？他們的靈魂品質是什麼？《金髮姑娘與三隻熊》（Goldilocks and the Three Bears）的故事中，我們看到熊、粥碗、椅子和床的尺寸，都按照大小有秩序地排列著。三隻熊為自己打造的是一個儀式化的生活，那是一種相對固定，卻也自然、和諧的生活方式。

金髮姑娘代表一個孩子的好奇心、純真，以及一種想找到真正的家、真正的身分認同與家庭關係的渴望。金髮姑娘透過窗戶窺探三隻熊的小茅屋，這扇窗象徵著宇宙之眼，或一面能映照出更大智慧的鏡子。金髮姑娘是我們每個人心中都有的一個孩子，也是從另一個世界中看見美麗景象的心之孩子。

金髮姑娘有某些片刻，被這個陌生的天地深深吸引。她感到很安全，甚至去嘗試熊的食物、去試坐他們的椅子，甚至在他們的床上入睡。她敏感的心終於找到一個暫時休憩的地方。然而，當三隻熊結束一天的旅程回到家裡，他們發現了這個闖入者。當金髮姑娘被發現，她立刻就逃走了。她為原有的秩序帶來了危機，但也學到了關於滋養、安全和親屬關係的很大一課。

當你抽到金髮姑娘這張牌，請敞開你孩子般的心，去感受溫暖家庭生活的精神。更加接納所愛之人的生活方式。帶著活力和驚奇的心，去深深探索你的感覺。從一個全新的角度，去看待這個世界。明白三隻熊有組織、有結構的生活方式，可能正反映著你的行為模式與早已成形的習慣。或許將有一位客人或朋友前來拜訪你。你會把這個新夥伴嚇跑，還是張開雙臂歡迎他呢？

Seeker of Hearts
心之追尋者

心之追尋者：綠野仙蹤 ── 鐵皮人
Seeker of Hearts ：The Tin Man

在《綠野仙蹤》的故事裡，當桃樂絲遇見鐵皮人時，他是非常僵硬的。創造他的鐵匠，忘了給他一顆心。他極度地需要被上油潤滑，象徵著阻滯的情感不只讓他變得僵硬，也造成他的痛苦。隨著故事進展，鐵皮人也流下眼淚。那過往讓他生鏽的眼淚，現在卻像油一樣──那是愛和悲傷凝結的精華，能療癒來自過往的傷口。在黃磚路上，鐵皮人尋求的是一顆可以愛、可以感到快樂、可以跳舞、可以歡歌的心。但巫師卻說，他沒有明白到「沒有心」是一件多麼幸運的事。巫師說：「心其實一點都不實用，除非它變得堅不可催。」然而，鐵皮人還是希望有一顆心，因為沒有心的他，就不算是一個真正的人。於是巫師又給了他一句智慧建言：「心的好壞不在於你給出多少愛，而在於你收到了多少的愛。」

在心之追尋者這張牌，鐵皮人穿著一套鎧甲，這套鎧甲能保護他，把他和奇怪的感覺世界阻隔開來。他騎的馬象徵靈魂的自由，牠帶著鐵皮人走在自己重要的人生道路上。白鴿是帶來和平與寧靜的神聖使者，牠帶著一顆心，那顆心能讓鐵皮人真正進化為人。

當你抽到鐵皮人這張牌，請更加打開你的心。為你的機會感到歡欣，讓自己踏入感覺、奉獻與慈悲的殿堂經歷一番。記得表達你的情感。哭泣是一種揭露的方式，讓每一個人靈魂核心的痛楚能被流洩出來。做一個心之追尋者吧！當家人朋友遇到麻煩時，找到鼓舞他們的方式。做為傳遞宇宙之愛的戰士，那是一份特別的、精神上的禮物，你能將這份禮物送給人生道路上遇見的每一個人。

Guide of Hearts
心之指引者

心之指引者：綠野仙蹤 — 好魔女
Guide of Hearts ： The Good Fairy

在人生遇到挫折或轉折點的「靈魂暗夜」時，我們可能一時間看不見自己的引導者與老師。那時的我們，就像身邊沒有任何實際的支持；我們感覺自己完全迷失了，再也無計可施。接著，或許直到最後一刻，一道光才突然閃耀進來，燃起一線希望。我們日夜的祈禱終於有了回應，就像閃電一樣靈光一現，或是某位溫暖滋養的靈魂前來探視我們，為我們帶來解脫。

在《綠野仙蹤》的故事裡，北方好魔女雖然是個小角色，卻有著非常關鍵又核心的重要性。這位好魔女就像是桃樂絲的守護天使，她靜靜地在背後等待，看著年輕女孩的冒險之路，並且一路守護她的平安。她讓桃樂絲一步步學習自己的課題，到了故事的最後，才向桃樂絲揭露這一切。

當桃樂絲不知道該如何回到愛姆嬸嬸的農場，象徵頭腦與心智的稻草人一抬頭，就看見好魔女翩然而至。好魔女告訴桃樂絲，她永遠有能力讓自己回到堪薩斯的家園，只要她在魔法鞋上敲三下，同時覆述：「無處可比我的家。」（There's no place like home.）生命最大的難解之謎，永遠存在你我心中。只要我們跟隨心的路徑，就會知道該在何時做些什麼。

在心之指引者這張牌中，我們看到原本被寄予厚望能送桃樂絲回家的巫師，竟然意外乘著熱氣球離開了地面，這年輕的女孩只能被留在原地。但同時，北方好魔女從天而降，揮舞她的水晶權杖，為桃樂絲重新注入信心，也帶來神奇的法力。

當你抽到好魔女這張牌，表示肉眼看不見的協助者或天使，正把愛送到你身上。即使眼前有難解的習題，也別灰心失望。相信自己。讓心靜下來，透過想像去找到來自直覺的答案。一個符號、一種原型，或是一個特別的人，都可能是讓你找到快樂的關鍵。記得那句：「心安即是家。」（Home is where the heart is.）你也可能是一位好魔女，雖然有著不同面貌，但良善在你心中。你安慰人心的話語、輕柔的撫摸，或是為人帶來激勵啟發的例子，都能將朋友或所愛的人從暗夜導向光明。

Guardian of Hearts
心之守護者

心之守護者：大天使加百列
Guardian of Hearts：Gabrielle

　　大天使加百列——在這裡以女性的方式呈現——是將奧秘神諭傳達給人們的使者。加百列是聖經故事中，在獅子坑幫助但以理（Daniel），闡釋異夢和異象的那位大天使，也曾去到撒迦利亞（Zecharias）面前，預告施洗約翰（John the Baptist）即將誕生於世。加百列曾告訴瑪麗亞，那名為耶穌的孩子，就是猶太人民等待已久的救世主。在《啟示錄》中，加百列吹響新生的號角，請人們離開憎惡，用無私的愛與慈悲去擁抱彼此。

　　加百列這個名字的意思是「神的英雄」（hero of God）。藝術作品中的加百列通常帶著一枝百合花、一支王杖，或是神聖的卷軸，祂為虔誠的人帶來好消息，犯下罪行的惡人則得到審判或寬恕。加百列幫助人們透過連結本心帶來的啟示和洞察，讓心靈與身體更加合一。加百列將帶著神性智慧的視野灌注到人們的靈魂，期許藉此激發人們步上更願意服務與奉獻的道路。加百列力量最大的時刻，是在太陽經過摩羯座，而對側的地球經過水象的巨蟹座之時。加百列和神奇的月亮有關，也就是和生命的循環、海洋的潮汐有關。

　　在心之守護者這張牌中，我們看到加百列有著彩虹的翅膀，她

就是心的守護者。她是一隻金髮美人魚，正吹奏出和諧的樂音，吸引海豹和其他海洋生物浮出水面，來到這個世界。她帶著神聖的聖杯，那代表對全宇宙普世的愛，以及人道的善意。

當你抽到大天使加百列這張牌，請聆聽內在的呼喚，那可能是關於靈性上的新生。注意你的夢，裡頭或許有令你靈光一閃的符號或故事，喚醒你對一種更高層級生活的嚮往。對那些極為脆弱、頹敗的人保持慈悲心。或許你會是一個老師，透過你的文字、言語、歌聲和輕柔的撫摸，能讓你愛的人獲得療癒。在你和世界各地的朋友之間，建立一座代表信任和理解的彩虹橋。

大地水晶
The Earth Crystals

　　大地水晶這套牌組，對應的是傳統塔羅牌中，代表土元素的錢幣牌或五角星牌。這套牌組象徵物質界的一切，也可說是任何實體之物，或是錢財與安全感。水晶牌組能透過許多面向，讓我們看見自己正以什麼樣的方式在創造豐盛。

　　古時候人們認為水晶是大地之脈，是凍結的水或凝結的光。無論人的身體或我們居住的地球，都能透過水晶獲得極大的療癒。

　　在德國民俗故事中，小矮人是一種和土元素有關的自然界精靈。據說他們住在礦坑、洞穴、山裡，或是出現在樹下或樹林裡。小矮人對水晶、寶石與礦物擁有神奇的知識與力量，他們就像大地的守護者，守衛並強化著這顆星球的根基。

　　大地水晶這套牌組，透過小矮人呈現出人類生活的另一個視角。我們在牌卡中能看到矮人孩子、矮人家長和矮人長者，他們可能正在工作或玩耍，透過和大地歡悅的互動，創造出一個美好的世界。我們能透過許多角度看出，這些小矮人是人類大家庭與自然界和諧共存的象徵。

Ace of Crystals
水晶一

水晶一
Ace of Crystals

　　北國的民間故事和傳說普遍認為，當冬季到來，整個世界將潛入寂靜的睡眠，而在皚皚白雪披覆大地的下方，小矮人們正忙碌地將月亮、太陽與星星的光，編織成水晶。等到春天來臨、萬物甦醒，小矮人會將這些美麗的寶石獻給天空，待細密的春雨灑落，便會出現壯麗的彩虹。

　　水晶一中勤奮工作的小矮人，為你找到了一顆美麗的水晶。這顆水晶將為你帶來關於希望、合一與豐盛的承諾，而現在是你接受這些承諾的時候了。天空中的彩虹是一座橋，它連結天與地，也象徵全人類的合諧。彩虹在中國又叫太極，也意味著陰與陽的融合。

　　當你抽到水晶一這張牌，表示極大的潛能已被發現，有巨大的可能性正出現在你的生活中，因為這張牌描述的是物質層面躍動的新生。某些神奇的事物正準備透過你而誕生，那可能是一個孩子、一份事業、一本書、一段關係，或是進入一種新的層次的自我表達。矮人謙卑地為你獻上這顆水晶，這顆璀璨的水晶，為你帶來滿滿的祝福。四套牌組的一號牌，帶來的都是肯定的訊息──「去吧！」去開展全新的自己。多年來被你收起的點子和夢想，現在可以一一揭開。

Two of Crystals
水晶二

水晶二
Two of Crystals

許多古代哲學都曾提到，平衡是構成完整必不可少的一部份。平衡是如此重要，甚至在占星學裡，也有一個星座就叫天秤座。天秤座代表公平、正義、平衡、均衡與協調合作。

在水晶二這張牌卡中，兩個矮人孩子正在玩他們最喜歡的遊戲——翹翹板。為了好好享受這個遊戲，孩子必須透過觀察，去了解平衡與合作的道理，否則好玩的遊戲也可能變得危險。後方空蕩蕩的盪鞦韆，是一人獨立進行的遊戲。當兩人坐上翹翹板，就成為一體——象徵男性和女性特質的合一——成為一體的兩個人，開始共同學習關於兩極與關係的課題。若能學習成功，兩人就能像夥伴一樣支持對方。

這張卡代表意識互動的第一個階段。象徵智慧的貓頭鷹停駐在樹幹的中間點，表示若兩人希望在關係中尋求彼此理解和相互平等，就必須找到中間點的智慧。這張卡也意味著，人與人之間有相互分享的必要。我們必須認知到，高低起伏就是每日生活的一部分；這個過程既會發生於你我內在，也會顯現於外在生活中。關鍵是要用靈活流動的方式去應對，為相關的每個人帶來益處。

當你抽到水晶二這張牌，請好好照顧自己、照顧你的關係，以及你的健康狀況。鍛鍊你的身心靈，這麼做能讓你在互動中更機敏地找到平衡——無論你是獨身一人，或擁有共同生活的伴侶。生活或許就像翹翹板，但只要帶著玩耍的心去體驗，也能成為一段美好的時光。

Three of Crystals
水晶三

水晶三
Three of Crystals

跳繩是可以三個人或更多人玩的遊戲，也是一種能搭配順口溜或歌曲，帶來歡笑的兒童遊戲。跳繩遊戲中既有主動方，也有被動方；孩子們會輪流擔任持繩者，或是在中間跳繩的人。從許多方面來看，這樣的遊戲反映出一種最理想的群體互動法則——群體中的每一份子，都需要透過穩定的動作，創造出一個屬於所有人的共同韻律。數字 3 代表團體活動、溝通和喜悅。

這張牌象徵著團體精神，以及當群體的每一分子都全心投入，能共同達到的一種成就感。圖畫中的跳繩是一道彩虹，那是一座橋，也是一個拱門，能帶領世界走向和諧。

當你抽到水晶三這張牌，表示現在該是時候，去重新定義你身在團體中的目的了。愉快地和他人分享你擁有的智慧和天賦吧！加入更多的群體。多去認識周圍人們的家庭和孩子們。去和頻率相通的人分享你的生活，頻率相通的人會珍惜並尊重你對人生的看法。如果你尚未找到屬於自己的群體或特殊的朋友圈，這將是一段為你帶來許多收穫的時刻——透過連結和分享，你將從內在感受到越來越深的喜悅，你的自信與個人資源，也會越來越強大且豐富。不過，這一切的前提是，別忘了以遊玩的心情去經歷。

Four of Crystals
水晶四

水晶四
Four of Crystals

　　找到靈魂的重心是一件很重要的事，那就像是一股地心引力，能把創造的意志力汲引出來。這樣的一股力量，能幫助我們依照內心深處的價值觀和指導原則，去打造我們的世界。責任感和建設性的行動，能讓人邁開步伐，去為自己和他人建立美麗生活的根基。

　　水晶四中的矮人小孩，正忙著用各種工具，合力建造一個家。這個家的基礎是一顆蘋果樹，蘋果樹象徵生命之樹。在希臘神話中，蘋果樹也是豐盛的象徵。

　　新的意識正被建立。在泰國，許多人會以房子的構造，複製成供神靈居住的小屋。像這樣的迷你房屋，又被稱為「神屋」（houses of spirits）。透過這古老的習俗，守護天使得以來到家中，像護身符一樣，為人們帶來傳遞著宇宙的愛與真理的強大之光。當人們有意識地服膺這樣的習俗，他們也將逐漸發展出內在的力量，以及對生命的敬畏。

　　水晶四的小矮人們非常專注，非常重視自己手上的工作。他們知道自己正在經歷的是顯化的過程。現在，你正在你的生活中建造什麼呢？你在內在看見什麼樣的願景？無論你真正的目標是什麼，要想達成，有四大要素必須具備，那就是：專注、責任、奉獻和勤奮。

Five of Crystals
水晶五

水晶五
Five of Crystals

在水晶五這張牌卡中，我們看到一個矮人爺爺，正為樹屋頂端神聖的曼荼羅放上最後一個物件。這個曼荼羅包含兩個元素：一顆五角星，和一個金色的圓。金色的圓和星星共同構成這個圖案，象徵天與地的結合。星星的五個尖端代表出生、起始、服務、長眠和轉化。這個符號也經常被拿來當作裝飾居家的美麗圖案，或是彩色玻璃窗的主題，因為它不僅代表人類的進化，也有如同防護盾一般的作用。

圖畫中的矮人爺爺正用口哨吹著歡快的旋律，因為他已看到美麗的前景。樹上的蘋果都已成熟，那是完美達成任務後結出的果實。鳥兒帶來靈性自由的回報，而這樣的自由，來自於一種紮實而穩定的生活方式。

當你抽到水晶五這張牌，請讓自己完全敞開，接受這張卡片帶給你的禮物。請記得摘下此刻生命獻給你的禮物，那是已然成熟的潛能果實。請好好地實現它們，記得創造力就在你之內。或許你會想嘗試彩色玻璃藝術、陶藝、木工、縫紉或其他手工藝，以此作為一種新的休閒愛好。重要的是，在你盡情揮灑創意之時，別忘記時時和美妙的大地，以及它的超凡之美保持連結。

Six of Crystals
水晶六

水晶六
Six of Crystals

　　水晶六中的六個小矮人，正同心協力要完成一個重要的目標——爬到山頂。其中一個小矮人已經到達山巔，一個閃耀的六角雪花正在那兒等待著他，那是大自然的神奇結晶。六角星或六芒星又被稱作「愛神之花」（the flower of Aphrodite）、「大衛星」（Star of David）或「所羅門之印」（Seal of Solomon）。古希臘數學家畢德哥拉斯認為，數字 6 是數字 1 到數字 10 之間，唯一「完美」的數字。6 象徵神性智慧、和諧、均衡，以及陰陽意識的平衡。

　　從水晶六這張牌卡中，我們能看見一種極致的狂喜，因為它描述的是一幅終於攻頂的畫面。當一個人想去到看似難以到達的高度時，團隊合作、堅毅不懈、專一不二與目標導向，是能幫助他成功的關鍵元素。數字 6 也代表極致的顛峰體驗。這個數字通常帶有擴展和正向的特質。

　　當你抽到水晶六這張牌，表示你需要對自己想達到的重要目標，再一次付出加倍的努力。山崖或許險峻，但回報也將無可計量。記得帶著敬意看待中間的所有過程，並對自己保持信心。就算目前的工作平凡又不起眼，只要你懷抱的目標超越一己私心，就可以期待會在未來幾年達到非凡的成就和喜悅。從一個更高的角度來看，這張牌卡描繪的是一種對全人類的服務，以及祈願世界和平的理想——這也是圖中那美麗的雪花象徵的意義。

Seven of Crystals
水晶七

水晶七
Seven of Crystals

　　點燃蠟燭的動作，是一個具有象徵意義的舉動。這個動作代表：現在是進一步點亮自己靈魂的時候了。每一年的冬至，是一整年神聖的轉捩點，冬至的日子通常和猶太人的光明節（Chanukah）非常接近。冬至當天，人們透過祝禱慶祝太陽再次降臨，也榮耀如破曉般再次新生的高我。從這時起，我們將逐漸脫離播下靈魂種子的孤單與黑暗，慢慢邁向讓智慧之花得以綻放的光明與合一。

　　圖案中年輕的矮人女孩，正在打造一個屬於自己的神聖空間。那是一個她能隨時尋得內在平靜、清晰和遠見的地方。她正經歷一段沉澱思索的時光，透過這樣的過程，她將更深地尋獲自己的知識，而後將真理和智慧交織於光中。她的腳下是一片彩虹地毯，象徵著內在的轉化。圖案中的七根蠟燭，看起來就像是猶太教的金燈台，象徵著點亮這個過程的「明燈」或「指引」。

　　當你抽到水晶七這張牌，表示目前的你，需要一段等待或休息的時間。讓牌卡的燭光映照你內在旅程的璀璨之光。請找到屬於自己獨特的調整方式，讓自己放心相信一切都是最好的。耐心是此刻最重要的美德。現在你或許適合暫停、暫緩，或者為自己養精蓄銳，準備好迎接下一段冒險或覺醒的旅程。靜定下來，讓內在的真相慢慢浮現。

Eight of Crystals
水晶八

水晶八
Eight of Crystals

　　花式溜冰選手精彩絕倫的表現，總是讓觀賞的人驚嘆連連。看見冰上的選手從容優雅地做出各式演出，背後投入的時間和練習也可想而知。當溜冰者在冰上滑翔、起舞，就像是和一群天使同在，大家一同在生命的宇宙渦流間歡快旋轉。花式溜冰選手讓我們看見的是，自然界與人類完美的結合與平衡。

　　數字8代表深刻的改變與轉變。當一個人為了追求卓越、精益求精而全心投入，這樣深刻的轉變就會出現在他身上。當得到如此高度的啟發，這巨大的改變不會只影響他一個人，而會擴及整個社會群體。這就是人類技能最極致的作用——讓世界變得更美好。當人們願意在藝術、教育和社會服務等領域奮力追求成功，人類就能開始在地球上，實現帶著神性之愛與智慧所能做到的無限潛能。

　　水晶八中溜冰的孩子，在冰上畫出了8的形狀。8是象徵無限的一個古老符號（通常會是一隻咬著自己尾巴的蛇，身體繞成兩個圓圈）。在水晶八這張牌中，8的形狀代表人類的無限潛能。當你抽到水晶八這張牌，請更深入地看看你目前的生活，從中找到你能分享給這世界的禮物。允許你身上未被看見的技能和創造力，完全地顯現出來。

Nine of Crystals
水晶九

水晶九
Nine of Crystals

　　璀璨的火焰正在矮人的小屋子裡熠熠發光，空氣中瀰漫著平安夜的興奮與期盼。一切就快要完成了。為了打造歡慶而溫暖的節日，許多準備工作都已就緒。願望即將成真，禮物就快揭曉，隨著時間越來越接近聖誕節早晨，內心也越來越感到敬畏。圖畫中的矮人媽媽懷有身孕，她手中的蠟燭，代表即將到來的新生命的靈魂之光。聖誕樹下的禮物尚未被打開，壁爐上的襪子也還沒裝滿。這九隻襪子表示深深接納來自更高殿堂的力量，而九支蠟燭點亮了美麗的聖誕樹，使它成為一顆發亮的水晶。矮人女孩期待聖誕老公公的到來，但她知道自己必須先睡一覺，先把自己交給夢中的另一個世界，而後聖誕老公公和他的神奇禮物才會來到。她滿心期待著。

　　水晶九帶我們看見生命中一段特別的時期：神聖的力量即將在未來實現，而那未來已近在眼前。矮人媽媽正在說故事給孩子們聽。當你抽到水晶九這張牌，請明白，你也是自己人生的說書人。只有說書人知道故事接下來會怎麼發展。你想為這個故事加入什麼主題？想讓它成為什麼樣的童話或冒險？當你即將完成這個人生階段，請信任自己將要顯化的事物是符合至善的。或許有個神奇的禮物、一段特別的友誼，或是一個新的機會，就快來到你身邊。

Ten of Crystals
水晶十

水晶十
Ten of Crystals

　　聖誕節是一個伴隨歡笑和期待的節日。願望可能實現了，家人聚在一起親暱地分享，為家庭注入許多溫暖和愛。在水晶十這張牌中，所有的襪子裡都放滿了禮物。為了慶祝寶寶的到來，矮人媽媽特別為他掛上一隻迷你的小襪子。矮人爸爸正用聖誕樹的木材生火，火光為家人朋友齊聚的這個空間，帶來更多的光亮與喜悅。所有的禮物都被打開了，孩子們滿心歡喜，注視著自己得到的珍貴寶物。矮人女孩坐在一張彩虹地毯上，端詳著令人讚嘆的美麗水晶。太陽高掛，天色明亮，家人心中滿是喜悅。

　　讓水晶十的這副景象溫暖你的心。逢年過節，傳統的節日慶祝儀式讓人們得以團圓。這樣的團聚為節日注入一份特別的感激之情，而這份感謝，是出於渴望與人連結、希望被人愛著的嚮往。打開人生為你準備的禮物吧！或許你會想要重新認識傳統習俗儀式與祝福的方式，或許這將為你的創意和想像力點燃新的火花。你那療癒人心的祈禱和意念，能讓世界各地的許多人都獲得提升。記得幫助弱小與無家的人，他們或許正處在沮喪的低谷，需要援手協助。在你的一生當中，天使、靈性協助者和更高層級的老師，都曾為你捎來祝福，請對這樣的福氣心懷感謝。

Child of Crystals
水晶孩子

水晶孩子：頑童流浪記－哈克貝利・芬
Child of Crystals ：Huck Finn

　　水晶孩子這張牌，是以馬克・吐溫（Mark Twain）筆下可愛的主人翁——哈克貝利・芬（Huck Finn）為代表。哈克代表每一個人內在尚未被馴服的部分，那個渴望冒險的我們，渴望奔放地、不那麼文明地和這世界締結關係的我們。在意識形成的早期階段，我們從實際的物質世界，認識到關於豐盛、誠實、界線、嘗試和責任等概念。我們回應和處理這些特質的方式，將直接關係到身為孩子的我們，是否發展出超越實際年齡的成熟度。

　　哈克貝利・芬是個四處流浪的男孩。人們都知道，他的父親是鎮上的醉漢，終日酗酒的他，本身就不符合這社會習以為常的規範。當哈克的冒險旅程來到密西西比河，許多和自由有關的議題便一一浮現出來——包括他自己的自由，以及友人吉姆（Jim）的自由——除此之外，還有一種想追求更高生活品質的嚮往。當哈克與夥伴湯姆・索亞（Tom Sawyer）在洞穴中找到強盜藏匿的錢財，該如何善用這世俗的物質資源，便是其中浮現的議題。他們各自得到六千元的黃金作為獎賞，法官允許他們一天領得一元作為利息。哈克的生活機智橫生，他一再嘗試並從錯誤中修正，心中有著永保赤子之心的渴望。哈克長大成人之後，經歷到種種阻礙，也一再戰勝困難。那份不願長大的堅持，讓觀者都能感同身受。哈克貝利・

芬是一個提醒，讓我們看見自己內在那質樸的靈魂。他就像一面鏡子，反映出自然的狂野，以及牧羊神潘（Pan）所代表的獨立精神。

水晶孩子這張牌卡描繪的是某個慵懶的夏日，哈克在密西西比河畔釣魚的樣子。你可以說他正在象徵人類意識智慧的溪水中，試圖釣取新的知識。作為一個水晶孩子，他身邊有各種動物夥伴、忠誠可靠的彈弓，以及一份平靜的心。這樣的哈克讓我們看見人與大自然之間和諧的振動。

當你抽到哈克貝利・芬這張牌，請讓你的冒險精神自由流動吧！去樹林裡走一走，暫時離開文明世界，走進大自然。沿著溪流划划你的獨木舟。問自己一些嚴肅的問題：例如你是否感覺自由？你是否以敏感而熟練的方式，在使用你身體上的優勢？身為社會裡盡心負責的一份子，你的心中是否帶有任何恐懼？試著深入去看，在人生蜿蜒崎嶇的河流中，現在的你正處在哪個位置。

Seeker of Crystals

水晶追尋者

水晶追尋者：綠野仙蹤 —— 膽小獅
Seeker of Crystals ：The Cowardly Lion

我們每一個人，都從人生道路的磨難當中，學習到面對困難需要抱持多大的勇氣。在我們邁向未來的此刻，讓我們一同溫習《綠野仙蹤》裡膽小獅的故事。桃樂絲在樹林裡找到膽小獅，他看起來劍拔弩張、自信滿滿。但當威嚇的伎倆未能奏效，膽小獅便必須面對自己的恐懼和脆弱。他決定加入桃樂絲、鐵皮人和稻草人的旅程，一同去尋找奧茲國的巫師，為自己注入勇氣。

隨著故事進展，膽小獅為了從壞魔女手中解救桃樂絲，變身成為一隻勇敢的獅子。正如許多寓言和童話故事的情節一樣，當他必須保護親愛的同伴、為其效力時，他的勇氣和壯大的真我，就會逐漸顯現出來。當他真正面臨威脅生命的境況，原本偽裝的假象便不再適用，他需要拿出真實、英勇和榮譽感來解決問題。

水晶追尋者中的膽小獅正走在黃磚路上，並因為他的成就，得到一個讚譽的花環。膽小獅這張牌和大牌裡的美女與野獸牌，有著密切的關聯。當這兩張牌同時出現，表示一個重大議題正在浮現，而那議題與在靈性上取得力量有關。

當你抽到膽小獅這張牌，請記得連結你隱而不見的力量和能力。有時候，這樣的力量要用得溫柔，有時候需要激昂熱切地用。如果恐懼和質疑，讓你表現出虛張聲勢或自私自利的樣子，最好的辦法，是帶著敬意和意願，去真實感受你的痛苦。綻放你璀璨靈魂之內的真實之光，就像膽小獅一樣得到勝者的花冠，那不光是一份榮耀，更是一份難得的成就。

Guide of Crystals
水晶指引者

水晶指引者：聖尼古拉
Guide of Crystals ： *St. Nicholas*

　　雖然現在人們熟知的聖誕老公公，是一個與大眾文化密不可分的人物，而且還與氾濫的物質消費主義脫不了關係，然而，真正的聖誕老人（或稱為聖尼古拉）的核心精神，其實和地球的神聖源頭有關。在靈性圈子裡有一說法是，地球的統領者又叫做聖納庫瑪拉（Sanat Kumara）。這位上師被奉為世界的主宰，祂的鏡像有可能是墮落天使路西法，或是惡魔撒旦。請注意在英文中，聖誕老公公的 Santa，和撒旦的 Satan、聖納的 Sanat，都是相同字母以不同順序排列而成的變位詞。這三個單字都由五個字母構成，如果按字母順序的數字加總，總和都是五十五。

　　從傳統神祕學的角度來看，正立的五角星，是人類朝靈性啟蒙進化的象徵。每一個人都是一顆小星星：上方的頭、兩隻手臂和兩隻腳，就是這個靈魂在這世間的五角表徵。聖納庫瑪拉在不可知的存有層級中掌管著我們的星球，身為北極之王（Lord of the North Pole）的聖誕老公公，則是聖納庫瑪拉在地球上的傳奇或神秘化身（北極也是地球靈性意義上的「頭部中心」和入口）。真正的聖納庫瑪拉在幕後默默看顧這一切，為人們帶來滋養和保護。

　　歷史上的聖誕老公公真有其人。聖尼古拉生在西元四世紀，是一位來自小亞細亞的富家子弟。他的虔誠、神蹟和熱情，使他成為

眾所皆知的人物，也曾因為信仰基督教而鋃鐺入獄。他的人生使命在於幫助罪人改邪歸正、與窮人分享財富，並激發人們更多的慈心善舉。最終，他成為贊助人，資助被暴風侵襲的水手、獄中罪犯和孩子們。由於他的慷慨之心，孩子們開始在聖誕時節收到禮物，他的名字也逐步在荷蘭文中演變成 Santa Klaes 和 Santa Claus。

在水晶指引者這張牌中，聖誕老公公蓄著雪白的大鬍鬚，看起來就像《祖父時光》（Grandfather Time）中的爺爺，帶著人們的希望和夢想，握有顯化成真的關鍵鑰匙。圖案上的兔子，意味著豐饒與多產。大地豐收、成長、生產力和繁衍再生，是深深貫穿著整套大地水晶牌組的訊息。聖尼古拉是大阿爾克納五號牌「巫師（The Wizard）」的小牌版本。這兩張牌都意味著連結物質界與靈性世界，鼓勵我們追求更多的智慧，以在地球上創造豐盛。

從這張牌卡的圖案中可以看出，你已從許多地方得到賜福。去看看你擁有的豐盛和善意之井，那是在你身邊隨時供你取用的福氣。對奇蹟抱持期待——相信自己真的可能心想事成、美夢成真。時時記得，「相信」具有魔力。重新點燃你像孩子一樣的期待感。當機會來敲門，你的希望和祈禱就有可能收到回應。做個慷慨、仁慈的人，永保感謝之心的人。

✳ 水晶指引者：聖尼古拉

Guardian of Crystals
水晶守護者

水晶守護者：蓋亞母親
Guardian of Crystals ： *Gaia*

　　蓋亞母親是大地水晶牌組的最後一張牌，也是《內在小孩童話療癒卡》的最後一張牌。蓋亞母親是溫柔看顧著地球的大地守護者。她永遠是豐盛、虔敬而充滿智慧的。她保護整個地球，也保護地球上的人類和所有自然界的生物。她一直不懈工作著，讓生態得以維持細緻的平衡，也幫助世界各地受到汙染的空氣、水源及土地，恢復內在的和諧。她因人類破壞雨林而傷感，也對人類為保一己之私，而使美麗的海洋生物、貓頭鷹、大象和其他生物逐漸滅絕而深感痛心。

　　水晶守護者就有如一個州長、老師、政客、律師、醫師，或是最高層級的靈性療癒師——她用極高的全觀角度，從宇宙俯視生命。二十一世紀之初，許多科學家開始用一種新的角度看待地球，他們將這樣的觀點稱為「蓋亞假說」（Gaia hypothesis）。直到這時，科學界才終於接受多年來無數靈性覺醒的人們早已明白的真相：地球是這宇宙之中，一個會脈動、有生命、會呼吸的有機體。

　　從蓋亞母親這張牌卡可以看到，蓋亞溫柔地將地球捧在雙手之中，散發著溫暖與滋養的光輝。她為我們帶來關於時光的智慧，提醒我們：每一個神聖的旨意，都有四季之別的安排，每一個地球的轉化，都是透過富有深意的週期來完成。蓋亞母親就是當我們在山

裡、海邊、瀑布、花園、森林、草原或峽谷時，所感受到的愛的臨在。當太陽進入巨蟹座，而對側的地球進入摩羯座時，就是蓋亞母親的力量最為強大的時刻。

蓋亞母親佩戴在脖子上的白水晶墜飾，代表打開人類的喉輪，為全球的人們創造更高程度的溝通機會——包括透過報紙、廣播、電視、電腦、衛星、靈視力和心電感應的能力。蓋亞母親將創新的思維加入回歸土地的訴求行動中，透過這樣的方式，使人們更加團結合一。甚至在政治上，也出現了像綠黨（Green Party）*這樣的黨派。

當你抽到蓋亞母親這張牌，請對生命賜與的禮物表達感謝。珍惜你身邊深刻的友誼。感謝養育你的父母和親友，感謝前輩們用宏觀的視野帶給你希望，讓你看見人類最終仍有可能透過精神取得勝利。為美化大地、滋養土地貢獻一己之力。參與資源回收，投入園藝工作、種幾棵樹。為環境保育工作捐獻金錢，或提供志願服務。到大自然的僻靜之處，在那裡探索來自大地之心和大地靈魂的智慧與教導。

*編註：以綠色政治為訴求的國際政黨，以和平主義、社會公義、環境保護為目標。

註解
Note

1. 在這個階段，很重要的是明白塔羅牌和娛樂用的撲克牌，都帶有「魔法」的特質──也就是說，這兩種牌卡系統，都帶著更高層級的知識與指引。使用者只要受過訓練，就能藉由牌卡獲得不朽智慧的秘密。但，這怎麼可能呢？這是怎麼做到的？

   諸如曼利・帕爾曼・霍爾（Manly Palmer Hall，著有《古往今來秘密奧義》〔*The Secret Teachings of All Ages*〕）和史都華・開普蘭（Stuart Kaplan，著有《塔羅百科全書》〔*The Encyclopedia of Tarot*〕）等許多作家都曾指出，一副平凡常見的撲克牌，可以反映出一年的週期。五十二張撲克牌分別代表一年的五十二個禮拜。四套牌組──其中兩套是紅色（紅心與方塊），兩套是黑色（黑桃與梅花）──分別象徵一年的四季。每一套牌組的十三張牌，代表一年當中的十三個陰曆（農曆）月份。除此之外，把每一套牌組的十三張牌數字相加，得出的結果會是九十一，當進一步乘以四（共有四套牌組），總和便是三百六十四；再加上鬼牌，正好就是一年的三百六十五天。因此，我們可以清楚看到，現代娛樂用的撲克牌，和宇宙的循環其實有著深刻而奧妙的關聯。在大部分情況下，當撲克牌出現在嘩眾取寵的魔術師，或吉普賽占卜師的手中，確實不會對尋求神性指引的人「訴說來自靈魂的語言」。但我們仍然應該相信，現代的撲克牌只要以正確方式使用，也能夠成為傳遞靈性見地的工具。

2. 我們還可以用一種極具啟發性的方式，來理解數字 1、3、7 和 22 之間的關聯。

數學中的專有名詞 π ——直徑和圓周之間永恆不變的關係——如果以數字來表示，就是 3.14159……（這串數字可以無限延伸下去）。然而，古人是用分數，也就是 $3\frac{1}{7}$ 來表示 π。這個分數也可以用 22/7 來表示。不知怎地，用來表示 π 的數字似乎像是一種秘密公式，從中能看出靈性的力量與合一（1）；創造力和神聖的三位一體（3）；舉世皆通的表達力（7）；以及人類的成就（22）。二十二張大阿爾克納牌就是一個想像的、精神上的 π，向我們揭露人之生死和轉世之間，像圓一般周而復始的循環魔法。

甚至，當我們細細探究每天生活必須的氧氣，都能從數字的角度看見它與塔羅牌的關聯。地球的大氣層當中含有 78% 的氮氣，21% 的氧氣，以及 1% 的氦與氬等其他氣體。說到這裡，我們再一次窺見了大自然神奇的奧秘：氮氣的比例是整副塔羅牌的張數；人類賴以為生的氧氣比例是大阿爾克納牌的張數；而其他氣體，那些空氣中不尋常「多出來的什麼」，剛好等於一張牌，也就是愚人牌（0）。

我們越是深入探究塔羅牌這個系統，就越會發現，它是人們生命中無處不在的存在：它在我們呼吸的空氣裡，在我們的 DNA 和基因裡，也在英文字母的起源裡。

3. Philip M. Chancellor, *Dr. Philip M. Chancellor's Handbook of the Bach Flower Remedies.* (New Canaan, CT; Keats Publishing, 1980); p. 13.

作者簡介
About the Authors

伊莎・勒娜（Isha Lerner）

自 1970 年代起，伊莎便持續在學習、教導並尊崇靈魂的奧秘語言。伊莎是專業的占星師、塔羅諮詢師、書籍作者、花精師，也是一位老師。她最大的滿足，就是將自己一直以來滿懷敬意鑽研的主題——童話故事、植物知識、煉金術和神聖女性（Divine Feminine）——共同交織在一起。

在 1976 到 1980 年間，伊莎加入成為蘇格蘭芬德霍恩基金會的一員。那些年的經歷，讓伊莎在靈魂之內找到一個港灣，直至今日都還伴隨著她。她希望能對芬德霍恩社區的創辦人——已故的彼得・卡迪（Peter Caddy）、艾琳・卡迪（Eileen Caddy）和桃樂斯・麥可林（Dorothy Maclean）——表達感謝，謝謝他們為一個人的心智、心與靈魂設下這麼優異的水準。

伊莎・勒娜還設計了其他牌卡——《自然原型花朵卡：大自然的原型旅程》（Power of Flower Cards: An Archetypal Journey Through Nature）和《三態女神神諭卡》。以及能搭配《內在小孩童話療癒卡》使用的工作練習簿，幫助人們更進一步探索內在小孩童話療癒卡的用途和寓意。

伊莎目前住在美國奧勒岡州的尤金市，她在那裡活躍地提供服務。她將自己的成就獻給三位美麗的女兒——蓋布瑞兒、卡特雅和蘇菲亞。伊莎可提供遠距線上諮詢，也歡迎演講、工作坊與課程的邀約。

馬克・勒娜（Mark Lerner）

1971 年畢業於美國密西根大學，主修社會科學。1972 年，馬克開始在紐約鑽研占星、玄學，也接觸塔羅牌。隨後，他加入了紐約神祕學院（Arcane School），開始提供占星服務。最後，他進入路西斯信託協會（Lucis Trust）工作，那是一個負責推廣通靈師愛麗斯・貝利（Alice Bailey）相關書籍與教導的機構。而後在 1976 年到 1979 年，他成為北蘇格蘭芬德霍恩基金會的一員。

1979 年起，馬克開始針對行星運行舉辦星象主題演講，並在美國威斯康辛州麥迪遜城主持一個每日播出的電台節目；除此之外，他也受邀參加廣播及電視節目的訪談。1981 年，他開始定期寄發〈歡迎來到地球〉（Welcome to the Planet Earth）會員通訊，現在這份通訊已經成為一份以紙本和電子方式發行的占星雜誌。

馬克對塔羅、占星、童話、心理學和療癒等領域都有大量的研究。1988 年，他和伊莎・勒娜與本書繪者克里斯多夫・蓋佛，共同開始《內在小孩童話療癒卡》的發想與設計。

繪者簡介
About the Artist

克里斯多夫・蓋佛（Christopher Guilfoil）

出生於 1956 年，德國慕尼黑。克里斯多夫目前和太太愛倫（Ellen）、兩隻垂耳兔、兩隻金魚，和一隻名叫威利（Willy）的臘腸狗，一同住在太平洋西北地區。

國家圖書館出版品預行編目 (CIP) 資料

內在小孩童話療癒卡：用78張童話故事的圖像，
為受困的心靈找出解答，指引方向 / 伊莎．勒娜
(Isha Lerner)，馬克．勒娜(Mark Lerner)，克里
斯多夫．蓋佛 (Christopher Guilfoil)作 ； 鄭百
雅翻譯. -- 二版. -- 新北市：大樹林出版社，
2023.08

面 ； 公分. -- (Change ; 11)
ISBN 978-626-97562-3-0(平裝)

1.CST：占卜 2.CST：童話 3.CST：文集

292.96   112012723

系列 / Change11

書名 / 內在小孩童話療癒卡(新裝版)：

用78張童話故事的圖像，為受困的心靈找出解答，指引方向

作 者 / 伊莎‧勒娜（Isha Lerner）、馬克‧勒娜（Mark Lerner）、克里斯多夫‧蓋佛（Christopher Guilfoil）

翻 譯 / 鄭百雅

總編輯 / 彭文富

編 輯 / 王偉婷

校 對 / 李智倫

設 計 / April（apriloxo.com）

出 版 者 / 大樹林出版社

營業地址 / 235 新北市中和區中山路二段 530 號 6 樓之 1

通訊地址 / 235 新北市中和區中正路 872 號 6 樓之 2

電 話 / (02) 2222-7270 傳 真 / (02) 2222-1270

網 站 / www.gwclass.com

E-mail / editor.gwclass@gmail.com

FB 粉絲團 / www.facebook.com/bigtreebook

總 經 銷 / 知遠文化事業有限公司

地 址 / 222 深坑區北深路三段 155 巷 25 號 5 樓

電 話 / （02）2664-8800 傳 真 / (02) 26648801

二版一刷 / 2023年9月

INNER CHILD CARDS: A FAIRY-TALE TAROT by ISHA LERNER AND
MARK LERNER, illustrated by CHRISTOPHER GUILFOIL
Text and Illustrations Copyright © 1992, 2002 by Isha Lerner and Mark Lerner
This edition arranged with INNER TRADITIONS, BEAR & CO.
through BIG APPLE AGENCY, INC. LABUAN, MALAYSIA.
Traditional Chinese edition copyright:
2024 BIG FOREST PUBLISHING CO., LTD
All rights reserved.

定價：980 元 / 港幣：327 元 ISBN / 978-626-97562-3-0　　　　版權所有，翻印必究

◎本書如有缺頁、破損、裝訂錯誤，請寄回本公司更換　　　Printed in China